DU BONHEUR,

aujourd'hui

Professeur à Stanford University, membre de l'Académie française, **Michel Serres** est l'auteur de nombreux essais philosophiques et d'histoire des sciences, dont les derniers, *Petite Poucette* et *Le Gaucher boîteux* notamment, ont été largement salués par la presse. Il est l'un des rares philosophes contemporains à proposer une vision du monde qui associe les sciences et la culture.

Michel Polacco a dirigé France Info de 2002 à 2007 et est secrétaire général de l'information de Radio France

Du Bonheur, aujourd'hui

Michel
Serres
et Michel Polacco

[**LE SENS DE L'INFO** LE POMMIER !]

france info

Mise en page : Marina Smid

ISBN : 978-2-7465-1052-4

Éditions Le Pommier
8, rue Férou – 75006 Paris
www.editions-lepommier.fr

J'ignorais que j'avais parlé du bonheur. Pour que je l'apprenne, il a fallu que mes deux éditrices me fassent accepter, couteau gracieusement placé sous la gorge, de publier quelques morceaux, par elles choisis sur ce sujet, extraits des Chroniques dites à France Info le dimanche. Je préfère, en effet, les Œuvres complètes… Grand merci donc à elles pour cette découverte : je ne me savais pas si content.

Je le deviendrais plus encore si le lecteur découvrait à son tour, à cette occasion et à sa surprise, qu'il partage ma joie.

Michel Serres

Sommaire

Les âges de la vie

— *L'âge occupe sans cesse nos conversations : « Alors, il a combien, maintenant, ce petit ? », « il est doué pour son âge ! », « elle ne fait pas son âge... », – vous non plus, Michel, d'ailleurs, au passage ! –, « elle conduit à son âge ! » – là, c'est ma mère, elle a quatre-vingt-quatorze ans... On parle aussi de l'amour chez les vieux, de la forme physique rapportée à l'âge, et ainsi de suite. Michel, je vous propose de considérer qu'il y a trois âges : l'âge légal, l'âge physiologique ou biologique, et l'âge social. Êtes-vous d'accord ?*

— C'est vrai qu'il y a l'âge de l'État civil, celui de la santé et celui de la profession. La plupart des gens s'accordent pour lutter contre le vieillissement. À ce propos, je voudrais commencer par rire...

— *Laissez-vous faire !*

— … des fabricants de cosmétiques. Vous pouvez acheter une lotion, une crème ou une pommade « anti-âge ». Or, en anglais *to age*, cela signifie « vieillir », ça ne veut pas dire « avoir tel ou tel âge ». On ne lutte pas contre l'âge mais contre le vieillissement ! J'avais une amie américaine qui disait : « je n'ai pas peur d'"agir" »… Autre contresens, inversé. En plus des trois âges que nous avons mentionnés, je voudrais parler de l'âge mental, de l'âge intellectuel, de l'âge – disons – culturel. Quand vous allez voir un médecin, la plupart du temps, il vous conseille de bouger, de marcher, de courir… À juste raison parce que, pour lutter contre le vieillissement, rien ne vaut en effet la gymnastique ou l'exercice physique. Mais jamais je n'ai entendu un médecin dire qu'il faut faire de l'exercice mental.

— *Et pourtant !*

— Et pourtant, perdre des neurones est autrement plus grave que perdre des faisceaux musculaires. Du coup je conseille volontiers à mes auditeurs de lire tous les jours une page plus difficile que celle qu'ils ont lue la veille. C'est plus rajeunissant que l'exercice physique, et bien plus que la lotion « anti-âge », inutile.

— *Lire, écrire et entraîner son cerveau, sa mémoire.*

— Entraîner son cerveau : c'est probablement cela, le secret de l'âge. Il faut dire aussi que l'augmentation de l'espérance de vie a bouleversé ces échelles d'âge. Mais je voudrais parler autrement de l'âge. Comment compter le temps ? Vous savez que, dans les horloges, il y a un balancier qui va d'un côté et de l'autre…

— *Tic, tac.*

— C'est cela qui compte le temps. Le balancier d'un mètre de long qui bat la seconde est justement au fondement du système métrique. Mais je vous propose de construire un autre balancier : non pas un balancier qui va de gauche à droite, mais un balancier qu'on tord – le balancier de torsion. On lance la masse, le fil se tord dans un sens. Vous le relâchez…

— *Il part dans l'autre sens.*

— Il dépasse l'équilibre, et il revient dans l'autre sens.

— *Une sorte de mouvement perpétuel.*

— Non, car le mouvement s'arrêtera… Dans un sens, vous sortez du ventre de votre mère pour rentrer dans le ventre de la Terre. Et dans l'autre sens, vous sortez du ventre de la Terre pour pénétrer dans le ventre de votre mère. Je crois qu'on peut mesurer cet âge-là : l'âge du rajeunissement. Parce qu'on peut estimer à quel point on est vieux quand on est jeune : on a subi l'épreuve de la naissance, on a subi l'épreuve du sevrage, de multiples abandons, on est accablé par les névroses des parents, par le mimétisme des copains, on est terrifié par le début dans la vie. Quand on arrive dans la vie courante, on est terrifié par la nécessité de la gagner, par la lutte au couteau, par les rosseries des petits chefs, par la difficulté avec son conjoint, etc. Et à mesure qu'on vieillit, on se débarrasse de toutes ces responsabilités, tout cela s'amenuise, tout cela s'apaise peu à peu. Les prétentions qu'on a eues ont été remplies, et si on ne les a pas remplies, on les a oubliées ; la carrière est complètement effacée.

— *Les peurs s'en vont.*

— On a moins d'ennemis, on fait moins d'envieux. Au bilan, il y a beaucoup plus de gain au moral que de perte au physique. Je ne dirai donc jamais que le jeune âge est le meilleur de la vie.

— *Je vous comprends maintenant.*

— La pire maladie du vieillissement, c'est probablement le ressentiment. On a voulu quelque chose, on ne l'a pas obtenu, on est plein de ressentiment. Et oublier le ressentiment, c'est, exactement, gagner la santé – c'est-à-dire gagner de la jeunesse. Personnellement, j'éprouve la vie – l'échelle des trois âges, jeune, adulte, vieux – comme un rajeunissement perpétuel. À condition, bien sûr, de l'exercice quotidien d'intelligence dont je vous ai parlé tout à l'heure. Ainsi, le vieillissement donne-t-il de la gaieté. Laquelle vous donne du rire; et le rire, c'est la jeunesse. C'est l'humour qui donne le rire, et c'est l'intelligence qui donne l'humour. Je crois que la prescription que je viens de vous faire, c'est la meilleure pommade anti-âge.

Chronique du 7 février 2010

L'arbre

— *L'arbre est un ami. C'est le perchoir des oiseaux, l'ombre du paysan et du marcheur. C'est également un outil politique, nos politiciens en plantent dans nos villes pour remplacer ceux que d'autres ont arrachés. Il y a ceux que l'on plante en souvenir, en hommage, au pied desquels on dépose des fleurs. Cela nous amène aux jardiniers et aux bucherons qui entretiennent la forêt, mais qui les coupent...*

— Les animaux courent ; c'est d'ailleurs leur définition. Qu'est-ce qu'un animal ? C'est un être qui court. Pourquoi court-il ? Pour deux raisons : pour manger, pour attraper sa proie ; et, inversement, pour ne pas être mangé, pour ne pas être attrapé par un prédateur. Mais il y a une troisième raison, et elle ne manque pas d'intérêt : les animaux courent aussi pour laisser le plus loin possible leurs excréments.

— *Leur odeur.*

— Les plantes et les arbres, eux, ne peuvent pas courir. Et pourtant, ils ont besoin de proies pour se nourrir et ils ont besoin d'échapper à leurs prédateurs. Alors, comment font-ils ? Ils inventent la chimie. Ils inventent des parfums pour attirer leurs proies, et des poisons pour se défendre des prédateurs. Ceux qui opposent la chimie à la nature devraient méditer la botanique.

— *La plus merveilleuse des sciences…*

— Il faut pourtant parfois que les bêtes s'arrêtent. Les bêtes… que nous sommes. Nous courons comme des bêtes mais nous avons parfois besoin de nous arrêter. Pour dormir, pour caresser notre femelle, pour que la femelle accouche, pour qu'elle allaite quand elle a accouché, pour que les petits soient protégés, pour qu'ils mangent, etc. La bête cherche alors à habiter. Par conséquent, toutes les bêtes ont un habitat. Pour se protéger, nous allons construire des maisons, des cellules, des chambres. C'est intéressant : la cellule de l'animal a des parois souples – pour courir – alors que la cellule de l'arbre a des parois dures…

— *Pour se protéger. L'écorce.*

— Par conséquent, nous allons construire des maisons qui, de plus en plus, vont ressembler à des arbres : qui vont s'élever à la verticale comme des troncs et qui vont s'étaler à l'horizontale comme des étages. Nos Anciens habitaient les arbres, ils étaient arboricoles. Un peu comme les grands singes ou les primates. Mais ça continue ! D'une certaine manière, en habitant, nous habitons des arbres. Si j'avais un conseil à donner à un architecte, ce serait de méditer sur ce qu'est un arbre. Qu'est-ce qu'un arbre ? Je crois que c'est un pont, une liaison entre la terre et le ciel, entre la matière et la lumière, entre l'obscurité et le soleil… Au fond, c'est un pont entre tous les éléments, entre la Terre, l'eau, l'air et le feu, c'est-à-dire la lumière. Et en effet, des racines souterraines le nourrissent d'eau et de sels minéraux, tandis que les panneaux solaires, qui s'appellent des feuilles, ont un rendement extraordinaire et se nourrissent du soleil. Savez-vous par exemple que les feuilles des arbres ordinaires couvriraient largement un terrain de rugby, un terrain de foot – quelquefois des hectares !

— *C'est vraiment prodigieux.*

— On dit que les arbres ne bougent pas, mais si on les filmait en accéléré, on verrait que les racines vont à toute vitesse, que les troncs montent à toute vitesse, que les arbres se développent très vite. Vous avez raison de dire qu'une fois qu'on a compris que l'arbre est un pont extraordinaire entre tous les éléments, l'arbre devient un exemple. Et un symbole. En effet, si on veut se souvenir des ancêtres, il faut dessiner l'arbre généalogique. Non seulement de la famille, mais de tous les vivants. Quand on fait la classification des vivants, on est obligé de dessiner un arbre, comme si l'arbre était précisément le vivant d'entre les vivants...

— *Le tronc, les branches...*

— C'est l'image même de la vie. La botanique, dans ce cas-là, devient une science extraordinaire. Vous avez dit aussi que c'était un arbre mystique. Vous rappelez-vous de ce prophète qui s'appelait Booz et qui dormait dans les champs ?

— *« Booz endormi ». Bien sûr !*

— « Comme dormait Jacob, comme dormait Judith,
Booz, les yeux fermés, gisait sous la feuillée.

Or la porte du ciel s'étant entrebâillée,
Au-dessus de sa tête, un songe en descendit.

Et ce songe était tel que Booz vit un chêne,
Qui, sorti de son ventre, allait jusqu'au ciel bleu,
Une race y montait comme une longue chaîne,
Un roi chantait en bas. En haut mourait un Dieu.»

— *Victor Hugo.*

— Cet arbre, vous l'aurez reconnu, c'est l'arbre de Jessé, l'arbre de la généalogie chrétienne.

— *C'est un très beau poème.*

— Je dis souvent à mes étudiants: si tu veux produire, si tu veux être intelligent, deviens un arbre. Plonge tes racines au plus profond de la terre, dans le sol, sans souci de te salir les mains, et élève-toi haut dans la clarté, en prenant garde à ne pas gêner autrui, développe tes branches dans toutes les directions de l'espace possible et accueilles-y des pies, des mésanges, des rossignols pour répandre alentour de ton ombre le plus de musiques possibles. L'arbre, instrument de musique fait de milliers d'oiseaux…

Chronique du 29 juin 2014

L'art

— *L'art avec un grand* A *ou un petit* a *est présent partout et occupe notre temps libre, comme notre soif de connaître. L'art, que l'homme de Lascaux avait si bien montré comme consubstantiel à la civilisation humaine…*

— Vous avez raison de poser la question à ce niveau de profondeur. Il s'agit en effet de civilisation, il s'agit d'hominisation puisque vous faites allusion à une possible naissance de l'art dans la grotte de Lascaux. Je voudrais partir d'une expérience concrète et ordinaire que nous avons du groupe humain. Vous descendez à la fête de la musique, vous entendez, certes, de la musique, mais aussi beaucoup de bruit. Vous êtes dans la foule à l'inauguration du musée du quai Branly, vous entendez beaucoup de bruit. La foule fait du bruit. La ville fait du bruit. Le groupe fait toujours du bruit. C'est un charivari perpétuel. On entend des clameurs, on entend des klaxons, on entend parfois des tambours, des batteries. On entend des moteurs et les radios hurlant dans les voitures qui passent… Le travail fait du bruit, les artisans, les forgerons font du bruit…

— … *les sculpteurs…*

— Pis, les chamailles, les batailles, les conflits, les oppositions font du bruit. On pourrait appeler cela « le bruit et la fureur » des groupes humains. Le bruit fait qu'on ne s'entend pas. La fureur fait qu'on ne s'entend pas, mais autrement : on est alors opposés, ou ennemis. Cela fait peur. Le bruit empêche que l'on se comprenne et la fureur fait naître de l'angoisse. Imaginons que nous soyons tous les deux plongés, non pas dans ce studio dessiné pour le silence, mais dans une foule, dans un groupe, dans une ville, au milieu de ces bruits : comment allons-nous nous comprendre ? Pour nous entendre, vous allez faire des gestes. Je vais répondre par des gestes. Nous allons faire une sorte de mime. Nous allons nous accorder sur des gestes puisqu'on ne s'entend pas.

Les gens vont se retourner, vont voir des gens qui font des gestes et vont dire : « Tiens, c'est curieux, ils s'adonnent à une sorte de pantomime. » « Pantomime », gardons le mot. Et puis, si on fait beaucoup de pantomime, les gens vont croire que nous sommes en train de danser puisque nous enchaînerons des postures de ce genre. Et puis les gens vont se retourner et, comme au spectacle, ils vont peu à peu se taire, faire moins de bruit. Alors on va pouvoir entendre de la musique, une polyphonie, des chants, un chant choral.

— *Ce ne sera plus du bruit…*

— La musique lisse le bruit. Le geste vainc le bruit. Puis le chant peut vaincre le bruit. Et si je chante en musique, les paroles arrivent. Du bruit naît le geste, puis du geste naît le chant, puis du chant naissent les paroles. Tout d'un coup, les gens vont nous écouter parler. Cela va par exemple donner lieu à la tragédie, à la comédie… Puis on va raconter des histoires. Peu à peu, l'histoire va émerger et va vaincre ce tohu-bohu, ce chaos, ce charivari. Cette histoire quasi naturelle, je vais maintenant la raconter avec des noms propres extraordinaires.

— *Je cherche quand même la sculpture, la peinture, d'autres arts que vous n'avez pas cités…*

— Ça va venir. Car je viens de vous raconter l'histoire des neufs Muses. Il y a une muse de la pantomime, une autre du chant choral. Puis Terpsichore, la muse de la Danse. Ensuite, celle de la Tragédie. La muse de la Comédie, etc. Arrive enfin la muse de l'Histoire. La parole triomphe alors, la parole politique. Mais, j'y pense tout à coup ! Vous m'avez dit : « J'ai visité le musée Cézanne », « J'ai visité le musée du quai Branly », « J'ai assisté, ou mes enfants ont assisté, à la fête de la musique »… D'où viennent ces mots, « musée », « musique » ? Il y a un souvenir de la langue. Il s'agit tout simplement des neuf Muses, puisque ce sont des manifestations de l'art. Revenons au bruit. Nous avons peur du bruit. Nous ne nous entendons pas dans le groupe. Nous avons peur des chamailles, des conflits, etc. Au fond, qu'est-ce que le groupe ?

— *L'art nous rassemble ?*

— J'ai envie de dire que nous vivons, mal à l'aise, dans des épines. Dans les épines du bruit, les pointes aiguës du chaos. L'art a pour fonction de raboter ces pics. De rendre doux ce qui est dur. Profondément, l'art est le constructeur de la société, le bâtisseur de la politique. Non seulement nous nous entendons désormais, mais nous avons la chance de vivre en paix. La musique, c'est-à-dire les neuf Muses, c'est-à-dire la totalité des beaux-arts, la musique adoucit les mœurs en ce sens qu'elle humanise progressivement la gêne et la terreur qu'induit chez nous le bruit.

— *L'art n'est-il pas violent parfois... ?*

— Il est plus doux que le bruit dur qui fait peur dans le groupe. Le bruit et la fureur. L'un après l'autre, patiemment, les arts construisent l'infrastructure de la société, ce qui crée la communauté, ce qui crée la possibilité d'être ensemble, de s'entendre et de vivre en paix. La guerre de tous contre tous ou la paix par la beauté des Muses !

Chronique du 25 juin 2006

Le bonheur

— *Michel, qu'est-ce que le bonheur ? C'est certainement très subjectif…*

— Une petite histoire pour commencer. Un jour, invité par une station de radio à commenter les événements de la semaine, je racontais le coucher de soleil, un soir d'automne, devant le château de Vincennes. Le couchant avait mélangé des couleurs bordeaux, violet, rose, finalement rouge garance. Or, nul ne regardait ce miracle sur la terre et même dans le ciel.

— *On ne le voyait pas…*

— Des personnes qui prenaient des photos du donjon y étaient aveugles… J'ai continué : le lundi, en prenant le RER, j'ai regardé les yeux d'un enfant extasié accompagnant sa mère. Le mardi… j'ai continué en citant des choses comme ça : ce qui, dans la vie courante, fait l'essentiel des jours. Les petits miracles qui font les bonheurs nombreux. Les journalistes qui devaient commenter les événements que j'avais choisis, excédés que je ne parle pas de ce qu'ils appellent « l'actualité », m'ont averti d'arrêter : je disais, paraît-il, des choses qui n'avaient pas d'importance. Je n'ai bien entendu jamais été réinvité à cette émission.

— *Ce n'était pas à France Info !…*

— La joie peut donc naître sans cesse autour de nous, rien qu'en regardant les choses du monde. En regardant les enfants rire, les amants s'embrasser, les vieillards sourire, les timides oser parler, et même en écoutant les inventifs qui ont des choses neuves à dire. Ceux-là, nul ne les entend jamais !…

— *Le bonheur des autres…*

— Mais nous n'aimons pas dire cela : cela paraît inconvenant. Et pour les journalistes, en effet, ce ne sont pas des « nouvelles ». Ce qu'ils appellent de ce nom, ce sont les meurtres, les catastrophes, les morts, les accidents, etc. Nous l'avons dit, « mort » est le mot le plus répété dans les médias.

— *Vous savez bien que les bonnes nouvelles ne font pas recette…*

— « Pas de nouvelle, bonne nouvelle. » Et si ces « nouvelles » sont en effet dignes d'être rapportées, c'est qu'elles sont rares. Ce qui signifie que le bonheur est beaucoup plus commun que le malheur, rare, que la joie est journalière et le malheur exceptionnel ! Pourquoi ? Tout simplement parce que le bonheur, c'est l'oubli, parce que la paix, c'est l'oubli, parce que la joie, c'est l'oubli. Les peuples heureux n'ont pas d'histoire, les gens heureux n'ont pas d'histoire, c'est-à-dire de mémoire. La preuve, c'est que ce qu'on appelle le « devoir de mémoire » porte sur les morts. Or, il y a un devoir de mémoire sur le bonheur. Récemment, des sociologues ont publié une jolie courbe de satisfaction de la vie, c'est-à-dire du bonheur. Cette courbe croît de plus en plus à mesure que l'on vieillit. Elle arrive à une sorte de palier entre quarante et cinquante ans. Puis elle croît de nouveau jusqu'à soixante-cinq ans, sommet de la satisfaction de la vie. Cela signifie que la vie consiste à acquérir de plus en plus de capacité de joie et de bonheur, que la jeunesse est, en effet, une période assez triste, et que si nous ne nous souvenons pas de l'enfance, c'est justement qu'alors, on a été heureux. Le bonheur, c'est l'oubli... Et puis, il y a cette période tout à fait extraordinaire, à soixante-cinq ans...

— *Mais c'est terrible ce que vous dites : tout le bonheur qui nous emplit, nous ne le voyons pas, nous n'en profitons pas ?*

— Tout le monde va bien entendu désapprouver ce que je dis, puisqu'il ne faut parler en public que du pouvoir, que de la concurrence, que des catastrophes, que de la mort et du Mal. Et pourtant, je le répète, les mères qui accouchent, les enfants qui jouent, les ados qui rigolent ensemble, les corps vifs qui s'adonnent à l'exercice physique, les amants qui s'embrassent et qui s'apprêtent à faire l'amour, les timides qui arrivent à parler, les inventifs qui sont illuminés par une idée toute neuve, ceux qui s'adonnent à une œuvre, ceux qui savent regarder la beauté des choses du monde et les vieillards qui se souviennent de la longueur de leurs jours, voilà des producteurs de joie infiniment plus nombreux que les très rares oiseaux de proie qui s'occupent de la concurrence, de la puissance, du pouvoir et des assassinats.

— *C'était votre* Ballade des gens heureux…

— Pas seulement. Considérons les trous noirs dont on nous accable dans les médias – les catastrophes, les meurtres, les morts, etc. : tout montre aujourd'hui que nous prenons un énorme plaisir à les étaler, à les écouter et, surtout, à croire que c'est vrai !

— *Mais c'est le public qui recherche cette information…*

— Que ce soit le public ou non n'a pas d'importance. Je parle des hommes en général. Nous prenons tous plaisir à la déclaration de ces catastrophes, en étant complètement aveugles au fait que le volume de bonheur est très, très supérieur à ces volumes exceptionnels de catastrophes. Je crois bien qu'il y a une espèce d'interdit à parler de la joie. Combien avons-nous de plaisir à contempler des catastrophes. Cela augmente, hélas, notre capital de joie !

— *Mais qui interdit le bonheur ? Qui interdit de parler du bonheur ?*

— Je ne suis pas accusateur ni dénonciateur. Je n'ai pas envie de parler de responsables. Je dis juste que l'événement, c'est le malheur.

— *Est-ce génétique de ne vouloir parler que du malheur ?*

— Tout ce que je sais, c'est que selon l'évaluation objective et non subjective des choses, le volume de joie et de bonheur est infiniment supérieur aux pointes des trous noirs, des catastrophes et du Mal. Enfants de joie, homme et fille de joie !

Chronique du 14 décembre 2008

Bonne année

— *Bonne année, Michel ! Comment allez-vous nous parler du passage d'une année à l'autre ?*

— Je vais chanter une chanson : « Il est une vieille ronde, vieille vieille comme le monde, et qui va du bout de l'an jusqu'à l'autre éternellement. » Connaissez-vous cette vieille chanson… ?

— *Pas du tout.*

— … qui est une ronde. Le premier janvier revient tous les ans, comme reviennent les équinoxes, les saisons, les jours de pleine lune… ce qui prouve que notre temps est compté de manière circulaire. Ces jours, ces mois, ces pleines lunes, ces solstices, ces équinoxes reviennent parce que la Terre revient à une position donnée à un moment…

— *À son rythme…*

— Il y a des rythmes naturels, des rythmes astronomiques, des rythmes physiques, comme le retour de la Lune, les saisons, la spirale croissante des anniversaires. Notre vie est bercée de ces rythmes naturels, de ces rondes naturelles. Elles nous bercent et font de nous des vivants également rythmés : notre corps est garni d'horloges, comme le battement du cœur, le battement du pouls, la respiration des poumons, le besoin de manger, le besoin de dormir, la menstruation de nos compagnes, la durée de vie embryonnaire… Les spécialistes de chronobiologie comptent ces rythmes, qui sont non seulement dans les organes, mais également dans les tissus, dans les cellules, dans les molécules. Nous sommes garnis d'horloges, dont il vaut mieux respecter le rythme. Si on rate celui des repas, on risque l'obésité ; si on rate le rythme circadien des jours et des sommeils, comme dans le décalage horaire des avions, on risque une fatigue relativement lourde. Si, en revanche, on accepte le rythme, que l'on marche, que l'on danse, cela favorise la santé. Savez-vous ce qu'il se passe au moment où le spermatozoïde touche l'ovule ?

— *Une intense vibration.*

— Exact, comme si le baiser du Prince charmant déclenchait chez la Belle au bois dormant un rythme, c'est-à-dire une musique. Ce rythme-là touche nombre d'animaux. Dans l'est des États-Unis, on observe des cigales dont le rythme périodique de reproduction se situe entre treize et dix-sept ans. Tous les dix-sept ans, elles sortent de terre, les mâles rencontrent les femelles, lesquelles restent ensuite trois semaines dans des arbres, pondent, puis retournent dans la terre pour dix-sept nouvelles années. Les migrateurs ont quant à eux des rythmes de vol. Savez-vous que dans les plantes aussi il y a des horloges ? Certaines plantes affectionnent les jours courts, d'autres les jours longs. Par conséquent, les plantes des jours courts – le chrysanthème, le fraisier et le riz… – fleurissent au printemps et en automne, et les plantes des jours longs – l'épinard, la laitue, etc. – fleurissent en été. Le champion du monde est un bambou japonais qui fleurit tous les six cent deux ans ! Si vous transplantez une plante d'une latitude à une autre, c'est sa propre horloge biologique qui comptera pour la floraison. Maintenant…

— *Revenons à l'homme !*

— L'éducation – nous parlions la semaine dernière de jeux éducatifs pour la Noël –, la vraie éducation, c'est l'éducation rythmée : l'entraînement, c'est un rythme ; l'éducation, c'est un rythme ; l'apprentissage, c'est un rythme, qu'il s'agisse des mathématiques ou des fables de La Fontaine. Je crois que ce tempo-là, cette ronde, cette musique, nous forme, nous éduque et, probablement, nous protège. Qu'est-ce que la vie, Michel Polacco ? C'est une toupie.

— *Elle tient quand elle tourne à un certain rythme.*

— Et plus elle tourne, mieux elle tient. Si elle tourne lentement, elle tombe. Nous vieillissons, nous nous fatiguons, nous sommes sujets à l'usure, à l'entropie et nous nous projetons vers la mort. Pour nous protéger contre ce vieillissement, contre cette mort, contre cette usure, contre cette fatigue, il n'y a que le rythme, c'est-à-dire le pas, la marche, la course, l'entraînement, l'emploi du temps, etc., ce qui imite à la fois les rythmes naturels astronomiques, vivants, les rythmes biologiques et le rythme de la culture et de l'éducation. Les rythmes cycliques nous empêchent de chuter. Par conséquent, bonne année, que cette bonne année dure le plus souvent possible selon le rythme des douze mois. Qu'elle soit une bonne toupie !

Chronique du 1er janvier 2012

La bonté

— *La bonté est un mot féminin, ce qui pourrait nous faire penser qu'elle est plutôt l'apanage des femmes – vous nous donnerez votre avis. La bonté, c'est un comportement, un altruisme, une inclination à la gentillesse, au pardon. Nous avons tous besoin de la bonté des autres, et les philosophies les plus généreuses – les religions parfois – font l'éloge de la bonté. La bonté est-elle innée ? L'homme est-il bon par nature ? Apprend-on à être bon ? Y a-t-il de l'amour sans bonté ? Peut-on vivre dans un monde sans bonté ?*

— Pour comprendre la bonté, il faut, je crois, poser un ballon de football sur le sol. Le point où le ballon touche le sol, je l'appelle le pôle Sud. Et le point d'en haut…

— … *le pôle Nord.*

— Et si vous placez une bille sur le pôle Sud et que vous l'écartez quelque peu, fatalement, elle va revenir au pôle Sud. Si au contraire, vous mettez la bille au pôle Nord puis l'écartez quelque peu, elle va tomber sur le sol. En statique, on dira que l'un est un équilibre stable, et l'autre, un équilibre instable. La bonté est au pôle Nord, elle est un équilibre instable, elle est rare, elle est exceptionnelle… Tandis que le mal est au pôle Sud, il bénéficie de la loi de la pesanteur. Par conséquent, lorsqu'on parle de bonté, de générosité, etc., on va passer pour un naïf, pour un rêveur, pour un utopiste – et même pour un optimiste, ce qui est pire que tout ! À l'inverse, on parle de meurtres, de morts, de guerres, de cadavres, de catastrophes, bref…

— … *Le spectacle normal des médias.*

— Il faudrait parler de la bonté sans être naïf. Pour ne pas être naïf, je vous propose d'aller visiter sur le Web un site qui s'appelle OLBIOS, un mot grec qui veut dire « joyeux », « heureux », et qui a été fondé par un philosophe grec de mes amis, Emmanuel Damigos. Sur ce site-là – qui est, précisément un site de bonté –, une étude économique extraordinaire pose la question suivante : quelle est la septième puissance économique du monde ? C'est précisément celle des associations de dons, des associations sans profit, des associations humanitaires, bref, de la générosité. Et le site donne des chiffres : d'après un calcul (qui date déjà de dix ans), ces organisations avaient déjà donné plus de mille milliards de dollars, un chiffre qui ne cesse d'augmenter. Aux États-Unis, depuis deux ans, ce chiffre a même doublé, tout comme le nombre de personnes bénévoles. En France, il a, dans la période de 2001-2011, crû de 450 %. La bonté est chiffrable…

— *La bonté a un prix.*

— Absolument. Actuellement, les dons croissent de 35 % – plus rapidement que les valeurs boursières ! Ça ne se dit jamais dans les journaux, et pourtant, économiquement… Ainsi les Canadiens donnent-ils chaque année deux milliards d'heures de leur temps à titre bénévole. Il y a des chiffres…

— *Les Restos du cœur…*

— Voilà pour le collectif. Je voudrais maintenant m'intéresser aux personnes. Si on regarde lucidement autour de soi, les mères avec leurs enfants, les gosses qui jouent dans la cour, les amoureux, les vieillards qui racontent avec leur sourire leurs souvenirs, les simples d'esprit, les sauteurs en hauteur…

— *Tout le monde.*

— … on s'aperçoit que la majorité des gens qui aiment marcher, courir, faire la cuisine, etc., sont des silencieux qui courent à mon secours lorsque je tombe dans la rue. La majorité est composée de braves gens.

— *La majorité.*

— Inversement, une minorité, assez petite à mon avis, de personnes éloignées pour leur malheur, de toutes joies, se passionnent pour la hiérarchie, pour le pouvoir, et sont prêtes à toutes sortes de stratégies maléfiques pour le conquérir. Du coup, cette activité fait un bruit d'enfer, profite de la loi de la pesanteur, et évidemment, monopolise le spectacle de la société… fascinée par ces conduites de paranos.

— *… le devant de la scène.*

— … le spectacle des morts. Pour finir, je voudrais parler de moi ! Je suis aujourd'hui assez vieux et assez faible pour mesurer autour de moi une certaine solidarité générale : combien de gens vous aident à traverser la rue, d'autres vous cèdent leur place dans le métro... Je peux me mettre à la place des mendiants et évaluer, de façon à peu près objective, l'atmosphère de bonté autour de moi. Et ma conclusion est par conséquent la même que pour l'économie, que pour le collectif : la majorité de l'humanité est bonne... Il est d'ailleurs étonnant qu'en langue française, le terme « humanité » signifie à la fois « les hommes » et la « bonté ». Cela appuie bien ma thèse selon laquelle la majorité des gens sont de braves gens...

— *L'homme est bon.*

— Je ne dirais pas que l'homme est bon, je dirais que, statistiquement parlant, les hommes sont majoritairement bons et qu'une minorité le pervertit.

Chronique du 3 février 2013

Le don

— *La générosité est un sujet bien difficile à aborder. Aumône ou don de soi, de sa vie, de sa fortune ou de son temps. Souvent, ce sont les plus pauvres qui donnent le plus… Je retiendrai cette si belle phrase de Guynemer : « Quand on n'a pas tout donné, on n'a rien donné. » Quoi de plus beau, Michel, mais quoi de plus ingrat également ?*

— Pour parler du don, je voudrais que nous partions en voyage au château de Chantilly où, vous le savez, il y a un musée magnifique. Y est exposé un petit tableau de Raphaël, sublime, qui représente Les Trois Grâces. On y voit trois femmes nues – on soupçonne que c'est la même, vue de face, de dos, de profil –, qui semblent faire une ronde. Quand on dit Les Trois Grâces, on pense à la beauté de ces trois femmes. Saviez-vous que c'est un contresens ? Quand on regarde de plus près, on s'aperçoit que les trois femmes tiennent, dans la main, un fruit qui doit être une pomme. Et qu'elles ne font pas une ronde. L'une reçoit une pomme de la précédente et donne une pomme à la suivante, laquelle donne une pomme à la suivante, qui reçoit une pomme, et ainsi de suite. Et cet équilibre de l'échange entre les trois femmes ne s'appelle pas la gracieuseté, mais la gratuité. Chacune donne exactement la même pomme que celle qu'elle a reçue. Les Trois Grâces, ce sont les Trois Gratuites ! On voit là que donner est équivalent à recevoir : on donne la même chose que ce qu'on a reçu. C'est cela, la gratuité.

— *Si seulement c'était vrai !*

— Lorsqu'on reçoit un don, on répond « merci », et ce « merci » se traduit dans certaines langues en grazie, gracias, la grâce justement, comme chez Raphaël… En grec moderne, c'est *efkaristo poli*, où l'on retrouve le mot *karisto*…

— *… « charité »…*

— … « Vous m'avez fait la charité. » On signifie ainsi à la personne qui vient de vous donner quelque chose qu'on ne peut lui rendre que par un mot, lequel mot signifie qu'on reconnaît que son don est gracieux, que son don est gratuit, et qu'en effet, elle nous a fait la charité. Et là, ce n'est pas comme dans la ronde des Trois Grâces, c'est plutôt la reconnaissance d'un déséquilibre dû à la générosité. Premièrement, équilibre, gratuité. Deuxièmement, déséquilibre, générosité. Cette question du déséquilibre est une question majeure.

— *Ça ramène à mon ingratitude.*

— Toute la question a déjà été traitée depuis longtemps ; le don est un bienfait. Il existe même un traité d'un philosophe latin qui s'intitule De beneficiis, Des bienfaits, où est posée la question suivante : le donateur donne-t-il vraiment gratuitement ? Non, répond le philosophe : par ce geste de donner, le donateur montre sa générosité, montre sa richesse, sa grandeur, sa supériorité par rapport à celui à qui il donne…

— *… son pouvoir…*

— C'est, par conséquent, un « cadeau empoisonné ». Toute la question est alors de savoir : que peut-on donner en échange d'un don ? Peut-on penser un équilibre de l'échange ? La relation humaine étant l'échange par excellence, je vais prendre l'exemple de Tartuffe. Tartuffe entre chez son hôte, tente de coucher avec la mère, mange à la table du père et essaie de se marier avec la fille pour écornifler la fortune. Qui est Tartuffe ? Ce n'est pas un hypocrite, non, c'est un parasite.

— *Absolument.*

— Il veut avoir tout et ne donner rien. Le déséquilibre de l'échange est là. Vous le savez, il y a des parasites de l'organisme humain ou de l'organisme animal. Or, certains parasites se collent aux tissus de l'hôte dont ils veulent profiter en inventant, dans leur propre organisme, une cellule qui ressemble à la cellule de l'hôte. L'hypocrisie semble donc être une conduite déjà pratiquée par le monde animal et végétal ! Le parasite prend tout et ne donne rien ; l'hôte donne tout et ne prend rien : le déséquilibre entre le parasite et l'hôte est le déséquilibre maximal de l'échange. Or, tout d'un coup, il peut y avoir équilibre : la symbiose signifie un échange équilibré au cours duquel chaque partenaire donne autant qu'il reçoit. Car, au fil des générations, le parasite a usé et abusé de l'hospitalité de celui qui l'abrite et, au final, ne se trouve pas dans une meilleure situation que l'hôte qu'il a contribué à faire disparaître… Ils pensent mourir tous les deux. Dans la symbiose, on arrive donc à une sorte d'équilibre et de contrat où on se met d'accord sur les services réciproques. De cette analyse-là, on peut tirer beaucoup d'applications humaines. Le mâle est le parasite de la femelle puisqu'il lui fait porter tout le poids et le coût de la reproduction. Mais l'enfant ? Il est encore plus le parasite de la mère, puisque, pendant neuf mois, il mange, il dort, bien au chaud dans l'utérus. Et, à la naissance, il est encore le parasite par l'allaitement, puis par l'élevage… Toute l'éducation humaine consiste à rééquilibrer l'échange : toi qui es un petit parasite, il faut peu à peu que tu deviennes un symbiote. Arrête, à un certain moment, de recevoir seulement…

— *… pour commencer à donner…*

— … apprends toi-même à donner. Toute l'éducation, c'est ça. Je peux aller plus loin. Vous avez deux euros, j'ai du pain beurré ; vous avez faim, vous achetez mon pain. On échange. J'ai maintenant les euros et vous le pain beurré. C'est un équilibre parfait. C'est ce qu'on appelle un « échange à somme nulle ».

— *Si j'aime le pain beurré !*

— Nouvel exemple : vous connaissez le théorème de Pythagore, moi pas ; vous me le donnez. Il arrive alors un événement tout à fait nouveau…

— *… nous le partageons…*

— Non. Dans le cas du pain beurré, je vais vous le donner. Dans le cas du savoir, vous allez le garder. Vous allez même l'améliorer en me l'expliquant ! Le savoir est par conséquent un échange extraordinaire : il croît à chaque fois – bien plus que l'argent. C'est pour cela que l'enseignement est de loin supérieur à l'économie. L'enseignement, c'est la pierre philosophale qui change tout en or puisqu'à chaque échange, au lieu de parvenir à l'équilibre, on obtient de la croissance.

— *Belle pierre philosophale, Michel. Merci.*

Chronique du 30 octobre 2011

Espoir et espérance

— *Espoir et espérance, deux mots que l'on a beaucoup entendus, entre l'élection du président américain Obama et son investiture, car son accession au pouvoir a, dans le plus puissant pays du monde, suscité un grand enthousiasme. Lui-même a beaucoup employé ces mots lors de sa prise de fonction. Tous les dirigeants politiques, dans le monde, veulent rendre l'espoir. Tous les humains ont de l'espérance. Michel, pouvez-vous déjà nous dire en quoi ces deux mots diffèrent ?*

— « L'espoir », mon cher Michel, est le titre d'un roman d'André Malraux, bien connu. Quant à l'espérance, c'est le sujet du plus beau poème de Charles Péguy, « Le Porche du mystère de la deuxième vertu ». Je vais d'abord donner des définitions ; ensuite, des résultats ;

et, finalement, une conclusion qui va peut-être vous surprendre. L'espoir est un projet, bien entendu – il touche l'action –, tandis que l'espérance est une vertu qui touche la personne. Je dirais volontiers que l'espoir est masculin, parce qu'il est actif, et que l'espérance est féminine, parce qu'elle est intime ; que l'espoir est adulte, parce qu'il est responsable, et que l'espérance est une petite fille – c'est d'ailleurs ainsi que Charles Péguy la décrit : pendant la promenade, elle court dans les jambes des grands, elle va, elle vient, elle fait cent fois le chemin, alors que les adultes ne le font qu'une fois. L'espoir est de jour, il est diurne, parce qu'il est lucide. L'espérance est nocturne, elle est aveugle…

— *C'est un rêve.*

— … elle est dans la nuit. L'espoir est historique, politique. Il anime les engagés à la Sartre ; plongé dans l'actuel, dans l'actualité, avec une route, une méthode, la précision de l'action, une cible, une fin, il prévoit, il travaille à la réalisation de ce qui est prévisible. L'espérance est d'un autre monde. Elle est l'une des vertus théologales, de l'autre monde, quasi divines. L'espoir est de l'ordre de la prévision – nous en avons récemment parlé –, tandis que l'espérance est de l'ordre de la prévoyance. L'espoir applique le principe de précaution ; l'espérance se moque de la précaution.

— *Puisqu'on est entre les mains de Dieu…*

— Les définitions faites, passons aux résultats. Je crois que les lendemains chantent rarement, chantent plus souvent faux.

— *Ils chantent mal.*

— Ils rencontrent des obstacles, des tempêtes, des ennemis et, surtout, le caractère chaotique de l'Histoire. Elle est absolument imprévisible. Prenez mon cas : je suis écrivain ; si j'ai de l'espoir, c'est l'espoir du succès. Eh bien, il est rarement au rendez-vous ! L'espérance est la qualité de l'écriture. Vous voyez bien que je ne vis que d'espérance. L'espoir ne sait pas qu'il se trompe. Et je crois bien que l'espoir est une illusion. J'ai parlé tout à l'heure des engagés à la Sartre… mais ils ont fini par soutenir Staline, Mao, Pol Pot. Combien de millions de morts ?

— *Combien d'erreurs ?!*

— Il vaut mieux, comme l'espérance, faire cent fois le chemin pour bien le repérer et savoir où il va.

L'espérance est du ciel, c'est sûr, mais je crois qu'elle est aussi du corps. C'est une vertu corporelle. C'est elle qui fait battre le cœur, qui fait circuler le sang. C'est une vertu du rapport à la vie. Du coup, elle soutient l'espoir, au-delà de tous les échecs. L'espérance est une vertu vitale, physique, physiologique, de l'élan vital profond. C'est pour cela que j'ai dit qu'elle était féminine : c'est la puissance féminine de l'entêtement à vivre – on continue, contre tout échec, contre tout espoir. L'espoir est froid, il est conçu dans la tête, un peu dans l'abstrait ; l'espérance, elle, brûle le ventre. Sans espérance, il n'y aurait sûrement pas un gramme d'espoir.

— *On peut donc souhaiter au président Obama d'avoir de grandes espérances ?*

— « Les grandes espérances », c'est le titre d'un des romans de Dickens qui parle de l'héritage. Je ne parle pas de politique : la politique, c'est simplement de l'espoir, et croyez bien que politiquement, l'espoir est le plus souvent déçu. S'il n'y a pas d'espérance, il n'y a pas d'espoir.

Chronique du 22 février 2009

La faiblesse

— *Sans cesse, en éducation, en politique, dans les relations entre les peuples, on parle de la force et de son envers : la faiblesse. Une force, une tare, un sujet joliment traité par un jeune auteur philosophe, Alexandre Jollien, dans son* Éloge de la faiblesse. *Michel, allez-vous me parler de « force » ?*

— Vous avez raison : aujourd'hui, une idéologie circule dans tous les milieux – en politique, en éducation, dans l'industrie et dans la publicité –, qui se rapporte aux vainqueurs, aux médailles d'or, aux plus forts, et qui professe qu'il faut l'emporter sur autrui, qu'il faut réussir sa vie, etc. C'est une morale à la Schwarzenegger, à la Tarzan – la plus forte des bêtes de la jungle. Cette idéologie a besoin d'une petite douche froide, et j'ai bien l'intention de la lui donner…

— *Je vous fais confiance !*

— Pour ce faire, je vais raconter des vies de vaincus. La première concerne un tout jeune homme qui se bat en duel et est battu par plus fort que lui alors qu'il militait pour la justice et défendait sa petite amie. Il s'appelait Évariste Galois et nous lui devons tout ce qui, en algèbre contemporaine, concerne la théorie des groupes. Il a vingt ans, il est vaincu, on lui doit cette algèbre.

— *Galois est mort très jeune.*

— Il venait d'avoir vingt ans. De la même façon, la chimie doit ses fondements à Lavoisier que la Révolution française a froidement guillotiné. À l'émergence de deux sciences, deux vies de vaincus. Mais je voudrais en raconter d'autres, plus importantes et plus décisives, peut-être, pour nous. Il est professeur d'arithmétique à Cambridge et en 1939, l'armée britannique le recrute au service du « Chiffre ». Cet homme arrive à décoder tous les messages allemands émis par Enigma.

— *Mais il était homosexuel…*

— On peut donc, sans exagérer, dire de lui qu'il a contribué à gagner la guerre. Un jour, il est cambriolé et le commissaire de police lui demande s'il a une idée de qui l'a cambriolé. « Bien sûr, c'est mon amant, qui m'a quitté ; il est parti en emportant tout. » Il passe devant les tribunaux et on le condamne à ce qu'on appelait à l'époque la « castration chimique », à base d'œstrogènes. La poitrine lui poussant, désespéré, il se suicide au cyanure. De la même façon que la France coupa la tête à son chimiste, l'Angleterre a acculé à la mort son génial bienfaiteur. Cet homme, ce vaincu, s'appelait Alan Turing. Et on lui doit non seulement d'avoir gagné la guerre, mais on lui doit également l'informatique. Je passe maintenant de l'Angleterre à l'Autriche, du XXe siècle au XIXe siècle : Semmelweis est médecin, plus précisément obstétricien. Il accouche les femmes dans deux hôpitaux : l'un tenu par des bonnes sœurs, l'autre par des étudiants infirmiers. Dans le second hôpital, il remarque qu'une proportion extraordinaire de femmes meurent de fièvre puerpérale.

— *Un fort taux de mortalité...*

— Il demande alors aux étudiants de se laver les mains entre les autopsies et les accouchements – chose en effet incroyable, les étudiants ne se lavaient pas les mains après avoir découpé les cadavres…

— *L'hygiène et la prophylaxie…*

— À Vienne, en Allemagne, en France, en Angleterre… toutes les formations de médecins condamnent cet essai. Semmelweis mourra, fou, dans une clinique. Voilà un vaincu qui est l'inventeur de l'hygiène. Nous devons l'informatique à un vaincu, nous devons la chimie à un vaincu, nous devons l'algèbre à un vaincu, nous devons l'hygiène à un vaincu. Continuons nos histoires. Un physicien allemand qui s'appelait Boltzmann invente la définition de l'entropie. Personne ne croit ce qu'il dit et il se suicide à Duino, à côté de Trieste, dans les années qui finissent le XIXe siècle. Nous devons à ce vaincu la grande théorie de l'énergie.

— *Vous associez « perdant » et « vaincu ». Est-ce toujours la même faiblesse ?*

— Oui.

— *On ne peut pas être fort et vaincu ?*

— Tous ceux dont j'ai parlé sont, précisément, très forts dans leur discipline. Mais ce sont des vaincus de la société. De la même façon, Wegener, au début du

XXe siècle, a l'intuition de la théorie des plaques, de la dérive des continents. Mais voilà, il n'est pas connu, il n'est pas cru. On retrouve son cadavre gelé dans le nord du Groenland. Je pourrais rallonger la liste de ces gens qui ont été des réformateurs, des innovateurs et des inventeurs extraordinaires. Et qui furent des vaincus de la société. J'en ai d'ailleurs oublié un qui a vécu parmi des gens sans importance. Il a été condamné à mort. Et, dégoulinant de crachats et couronné d'épines, il est mort entre deux larrons. À cet homme-là, nous devons deux millénaires de culture, dix cathédrales sublimes, l'abbé Pierre et Mère Teresa. Bienheureux les faibles !

— *Le Christ.*

— J'ai donc établi une liste de gens à qui nous devons probablement notre modernité et la culture en général. Des gens qui, pourtant, ont presque toujours été des vaincus. Comparativement, qu'est-ce que l'idéologie de la force ? C'est peut-être Napoléon, trente mille morts à la bataille de la Moskova… Ne croyez-vous pas que si ce vainqueur-là revenait maintenant, on le traduirait devant des tribunaux pour crimes contre l'humanité ? C'est peut-être cela, la force. Alors que la faiblesse, c'est l'innovation, la découverte, etc. Je crois que celui qui crée s'occupe de la chose, il ne s'occupe jamais de la « gagne ». Voilà le secret pour inventer. Bienheureux les faibles…

Chronique du 4 décembre 2011

La géographie

— *La géographie, c'est formidable. Elle permet de comprendre et de connaître le monde qui nous entoure, ses reliefs, ses couleurs, ses peuples, ses productions… Toutes choses apprises à l'école qui sont ensuite fort utiles dans la vie. Du reste, un site vient d'être inauguré sur Internet : Edugeo, fils du géoportail de l'Institut géographique national, qui permet la découverte en ligne de la géographie. Cette année, le thème du festival est la guerre. Guerre et géographie, quel rapport ?*

— Je vais faire l'éloge de la géographie parce que je suis un grand admirateur des géographes. Je les lis souvent. J'aime notamment beaucoup lire des cartes – presque autant que lire des livres. J'ai en effet été formé par Jules Verne et j'aime beaucoup aller sur les lieux. Pour moi, le lieu est important pour voir les choses et le paysage. Vous savez qu'autrefois, on opposait l'histoire et la géographie. La plupart de mes collègues, philosophes ou théoriciens des sciences humaines, sont plutôt des historiens. Je suis plutôt un géographe. L'histoire, ce sont les relations entre les hommes, et souvent les guerres. Je préfère la géographie parce qu'elle déploie devant moi la beauté du monde.

— *Mais parfois, la géographie aussi explique les guerres.*

— Oui. En particulier les guerres pour l'accès à l'eau, etc. Mais cela concerne plutôt l'exploitation du monde que le monde lui-même.

— *L'accès à la mer…*

— Puisque nous parlons de guerre et de paix, je voudrais parler de quelque chose qui touche l'enseignement, la formation. Il est vrai que les universités dans le monde, plus qu'en France et autant qu'en France, divisent généralement la formation des jeunes gens entre, d'un côté, des littéraires, de l'autre, des scientifiques. Ce partage est vraiment tragique : d'un côté, des experts incultes qui ont du mal à écrire, du mal à parler, de l'autre, des cultivés inexperts qui ont du mal à déduire, du mal à compter. Cette formation produit des hémiplégiques – d'un côté, des littéraires sans sciences, d'un autre côté, des scientifiques sans littérature ! Deux sous-ensembles d'imbéciles. La population peut donc être partagée en deux sous-groupes affaiblis par leur lacune respective. Or, la géographie fait le pont : on ne peut être géographe sans être tiers-instruit, au sens que j'ai donné autrefois à ce mot. Il faut savoir des sciences dures – être expert en physique de la Terre, savoir de la géologie, de la théorie des plaques, de la cristallographie, de la climatologie, de la volcanologie…–, mais il faut aussi savoir de la biologie, de l'histoire naturelle, même de l'écologie, non pas au sens politique, mais au sens disciplinaire du terme.

— *Et de l'économie…*

— Ce n'est pas fini ! Pour le moment, j'en suis aux sciences dures – d'un côté, sciences de la Terre, de l'autre, sciences des vivants. Mais il faut aussi savoir des sciences humaines – savoir de l'histoire, de l'urbanisme, de la démographie, de l'économie, de la finance, etc. Le géographe est le pontife, celui qui fabrique un pont entre l'histoire des peuples, portée par les sciences humaines, et l'environnement global de la planète, expliqué par les sciences dures.

— *C'est l'homme complet…*

— Ce qui était autrefois une guerre, une tension entre l'histoire et la géographie, devient, avec la géographie, cette première paix dont j'ai promis de vous parler. Voilà pourquoi je fais l'éloge de la géographie, pourquoi je pratique cette discipline : pour ce pont et pour ce plein de savoir concernant les hommes et le monde. Je vais maintenant vous parler d'une autre guerre. Il me semble que depuis que les paysans ont quitté la terre, depuis qu'il n'y a plus que 2 % de paysans, nous ignorons que nous habitons le monde. La plupart d'entre nous sont devenus des animaux d'appartement, des animaux de ville. Aujourd'hui, les médias parlent de politique, c'est-à-dire de la ville. Et d'une certaine manière, les relations entre les hommes opposent ou relient les hommes avec les hommes, comme si c'était un jeu à deux. Les hommes contre les hommes – les riches, les pauvres ; la droite, la gauche, etc.

— *Ce sont des relations sociales, pas des relations géographiques.*

La géographie ajoute un élément à ce jeu à deux – le jeu de l'Histoire ou des sciences humaines –, elle définit un jeu à trois. On ne peut certes nier que les hommes soient entre eux, qu'ils se battent entre eux, qu'ils aient des relations les uns avec les autres. Mais ces relations ont lieu dans le monde. Lorsque Hegel parle de la lutte du maître et de l'esclave, il omet de dire où a lieu cette bagarre. Est-ce sur un ring de boxe, un tatami de sumo, en rase campagne, sur la mer ? Moi, j'aime bien les lieux. Dans un très beau tableau de Goya, deux personnes se battent dans des sables mouvants. Goya est le premier à faire voir le lieu géographique, le lieu réel où se passe la bataille. Il met les adversaires dans des sables mouvants. Qui va gagner ? Le sable, oui, le monde, oui, le lieu. La géographie parle de ce lieu-là. Et elle fait voir que la main du monde va régler les relations entre les hommes. Car si, du point de vue des disciplines, dures et douces, la géographie fait le pont et le plein entre le savoir, du point de vue des relations, elle fait la paix entre les hommes et le monde.

Chronique du 5 octobre 2008

La gourmandise

— *La gourmandise est-elle un péché ? Comme l'écrivait Lionel Poilâne dans sa* Supplique au pape, *n'est-il pas injuste que notre langue traduise l'un des sept péchés capitaux de la Bible par le mot « gourmandise » ?* Ne *devrait-on pas plutôt utiliser les mots « goinfrerie » ou « gloutonnerie » ?*

— Ou même « ivrognerie ». Ce péché médical n'est-il pas écrit en toutes lettres sur toutes les affiches – « L'excès d'alcool est préjudiciable à la santé » ? « Fumer tue. » Nous poursuivons dans la même civilisation. En effet, il s'agit de l'excès, de l'ivrognerie ou de la gloutonnerie. La gourmandise est une chose tout à fait différente et laissez-moi en faire au moins le menu. Commencer, par exemple, par l'éloge des légumes. Les légumes sont à peu près tous délicieux, lequel choisir ? Mon choix, aujourd'hui, sera l'artichaut. Vous est-il arrivé, Michel, de boire de l'eau après avoir mangé un artichaut ?

— *Oui, et je me râpe la langue…*

— L'eau prend à ce moment-là un goût délicieux, un goût d'anis, tout à fait différent. On dit de l'eau qu'elle est inodore, sans saveur. Elle prend alors une saveur extraordinaire. L'artichaut est tellement extraordinaire qu'il rend l'eau savoureuse. D'autre part, il est à mes yeux le symbole de l'œuvre d'art. Vous regardez l'œuvre, vous l'expliquez. Plus vous l'expliquez, plus elle vous donne d'explications nouvelles. On y trouve sans cesse une feuille de plus, une écaille de plus. L'artichaut est un des meilleurs légumes qui soient.

— *Ne vous éloignez-vous pas de la gourmandise ?*

— Je suis en train de la pratiquer ! Continuons. Après les légumes, j'aimerais manger du poisson. Je me souviens très bien d'un jour où, en mer, je faisais le quart et où mon veilleur tribord dit : « Vous voyez ce bateau qui se trouve droit devant ? C'est mon beau-frère. » Nous sommes allés droit dessus et lorsque nous sommes arrivés à contre-bord, il nous a envoyé une palanquée de maquereaux sur la plage avant. Ces maquereaux bougeaient encore et nous les avons précipités dans la poêle. Quel goût délicieux qu'un poisson que l'on mange avec une pareille fraîcheur !

— *La gourmandise n'est-elle pas mieux assortie aux sucreries ?*

— N'ayez crainte, nous allons y arriver. À Saint-Jean-de-Terre-Neuve, la morue sortie de l'eau a un goût de noisette extraordinaire… Si vous voulez que nous parlions des sucreries, prenons s'il vous plaît la poire pour dessert. Mais d'abord, les fromages. Nous avons mangé un artichaut, puis un maquereau ou une morue. Considérez maintenant l'éventail extraordinaire de fromages qu'offre la France, du roquefort jusqu'au chaource, de la brebis des Pyrénées jusqu'au saint-nectaire…

— *L'eau me vient à la bouche…*

— Et puisque vous voulez des fruits, toutes les pommes sont à peu près bonnes. La poire, rarement. Elle est bonne juste à point, à ce moment-là, le mardi à midi. Mais lorsqu'on la mange à ce moment précis, c'est un fruit tout à fait extraordinaire. « Comme le fruit se fond en jouissance, comme en délice il change son absence, dans une bouche où sa forme se meurt » – Valéry. Pour finir, je prendrais bien un de ces admirables vins de France. Plus précisément, l'un d'eux, un sauternes, le yquem, qui déploie sa queue de paon, l'image même de la gourmandise.

— *Vous visez haut, là…*

— C'est dans le vin que le cuit déploie tous les goûts imaginables. Un spécialiste y distinguera dix, vingt, trente saveurs. Il y a donc dans la gourmandise une connaissance sensorielle extraordinairement aiguë, que j'ai tenté, écrivant autrefois *Les Cinq Sens,* de décrire de façon précise. Les sens nous trompent beaucoup moins que ne le disent les manuels de philosophie !

— *Vous me parlez d'un talent, pas d'un péché…*

— Le péché, je l'ai dit tout à l'heure, c'est plutôt l'excès. C'est plutôt ce qui met en danger la santé : l'excès d'alcool, qui met en danger nos artères, l'excès de tabac, qui met en danger nos poumons… Les précautions médicales et sociales que nous prenons aujourd'hui en faveur de la santé ou de la sécurité retrouvent, en langage purement laïque, la vieille liste des vices. Cette liste capitale récapitulait les excès. Mais puisque nous sommes en train de composer un menu, j'aimerais bien finir par un dessert. Vous qui traquiez la sucrerie… j'adore la tarte Tatin…

— *… hum…*

— … qui est faite avec des pommes. Et si vous permettez, je terminerai ce menu par une imitation vague de ce que les Japonais appellent un « *haïku* », petit poème :

« Matin, Tatin, satin
Tous les matins
Une tarte Tatin
Au goût de satin. »

— *Joli petit trou normand !*

— Voici donc le menu que je choisirais ce dimanche pour ma gourmandise. Je voudrais tout de même finir en rappelant que la gourmandise ne touche pas seulement le goût et l'odorat. On peut avoir de la gourmandise pour un sonnet de Ronsard. Pour un élégant théorème de mathématiques. Pour une nuit d'amour. La gourmandise est un délice généralisé, de la bouche, mais aussi de tout le corps, tout au long la journée et même de la vie entière.

On peut avoir une vie gourmande sans que cela soit un péché. Simplement de la curiosité, de la connaissance – l'ouverture du corps et de l'esprit. J'avais dit, une semaine dernière, que la philosophie voulait tout. Voilà : elle est une gourmandise généralisée !

— *À vous entendre, tout cela me paraît bien simple…*

— J'y viens enfin : la gourmandise se définit par la simplicité. J'ai choisi ce menu justement pour sa simplicité. Avez-vous remarqué que la poire n'est exceptionnellement goûteuse que ce jour-là, à cette minute précise ? Que le maquereau ou la morue ne peuvent se manger qu'au moment où, justement, ils tombent sur la plage avant ? Que l'artichaut n'est bon que parce qu'il exalte le goût de l'eau ? Quant à la tarte Tatin, je n'ai pas dit qu'elle était bonne, j'ai dit qu'elle donnait lieu à mon drôle de haïku – « Matin, Tatin, satin », etc. Être gourmand, c'est trouver l'exceptionnel dans le quotidien. Trouver du rare dans le commun. Trouver du délicieux derrière ce qu'on trouve à peu près tous les jours chez soi ou dans la rue. Bref, le paradis maintenant et ici.

Chronique du 3 décembre 2006

L'invisible

— *L'invisible… pour en parler, je commencerai par citer le Petit Prince, à qui le renard confie son secret : « On ne voit bien qu'avec le cœur. L'essentiel est invisible pour les yeux. » Il y a aussi l'homme invisible. L'invisible, pour ceux qui n'ont pas la vue et qui, pourtant, voient beaucoup, tous leurs autres sens étant mobilisés. Invisible, un rêve des hommes : soit pour se protéger, soit pour surprendre, voire pour cacher leurs émotions ou par honte du ridicule. Ce mot nous accompagne dans nos activités de chaque jour, il possède de nombreux sens, au propre comme au figuré. Je vous laisse le choix, Michel.*

— Quand j'ai eu huit ans, la déclaration de guerre et la mobilisation générale venaient d'éclaircir le rang des enseignants. Au lieu de cent, ils n'étaient plus que trente. Il a fallu, face à la pénurie, regrouper toutes les classes. Et, à la fin d'une récréation un peu longuette, on me poussa de CM2 en quatrième, je passais des culottes courtes au pantalon de golf. Bien sûr, j'ai été très étonné, je me suis assis et, devant le tableau noir, le prof de maths – qui était évidemment réformé, boiteux, sympa – a écrit sur le tableau à la craie : $x - 2 = 0$. Quèsaco ? C'est une autre langue ! 2 et 0, je comprends, ce sont des chiffres. Mais *x*, d'où sort-il ?

— *C'est une lettre.*

— Le prof va donc compter avec des lettres ? Et il va, en plus, mettre l'alphabet à l'envers, en commençant par des *x*, des *y* et des *z* ? Je ne comprenais goutte à cette affaire-là. Tout d'un coup, la lumière s'est répandue sur moi, j'avais compris : *x* est une tirelire dans laquelle on jette tous les chiffres qu'on veut. Comme dans une tirelire dans laquelle les sous disparaissent à notre vue. Mais qu'est-ce que l'algèbre dont il parle ? Ça consiste à jouer avec cet invisible-là – les sous de la tirelire. Ça va plus vite, ça économise les chiffres. Cette lumière-là, je crois que je n'en suis jamais sorti. Je ne suis jamais sorti de cette tirelire, de cette corne d'abondance. J'ai vu…

— *… l'invisible…*

— J'étais dans un palais enchanté en dehors de la guerre et de ses cris de haine. À changer ses habitudes, à loucher des yeux, à regarder aveuglément, on s'aperçoit qu'on comprend mieux. Alors que les problèmes de « prix de revient » et de « prix de vente », de robinets et d'éviers bouchés…

— *Et le temps de refroidissement du canon.*

— … auxquels je ne comprenais évidemment rien… Le *x* de ce vieux aux cheveux noirs et aux bésicles d'argent me faisait entrer au paradis miraculeux de la compréhension. Cet *x* invisible expliquait le visible. C'est un souvenir dont je ne suis jamais sorti ; je peux donner de cela mille exemples. Tout le monde voit que le Soleil se lève, qu'il se couche, bref, que le Soleil tourne autour de la Terre. Sauf que les astronomes, depuis très longtemps, voient ce mouvement complètement à l'envers. Que la Terre tourne, cela se voit ; mais que la Terre tourne autour du Soleil, cela ne se voit pas mais explique pourtant le mouvement des planètes. L'invisible, de nouveau, explique le visible. Autre exemple : tout le monde a vu, au moins lorsqu'elles sont mûres, les pommes tomber du pommier.

— *Bien sûr.*

— Newton, lui, y a vu quelque chose d'invisible : des lettres, des chiffres, une loi inédite invisible de tous…

— *L'apesanteur. La gravité.*

— … qui, précisément, a permis de comprendre que non seulement les pommes tombent – fait d'importance –, mais également que les astres eux-mêmes tournent autour du Soleil, et pourquoi ils tournent, et le moteur de leur mouvement. Mille autres choses encore – ça, c'est de la mathématique ; ça, de l'astronomie…

— *… et de la physique.*

— Depuis la nuit des temps, les médecins tentaient sans succès de guérir des maladies qui donnent de la fièvre et, parfois, tuent les patients. Un jour, Pasteur et ses successeurs ont découvert des microbes invisibles…

— *… à l'œil nu.*

— … qui expliquent exactement l'infection. On a alors pu établir des remèdes pour venir à bout de ces maladies et de ces fièvres. Du coup, non seulement l'invisible explique le visible, mais l'invisible peut guérir le visible. Encore mieux ! Et qui a vu les coquelicots dans les champs de blés jaunes avant la toile de Renoir ? Et qui a vu le lait couler du pot au lait avant Vermeer et sa Laitière ? Et qui a vu le soleil jaune et le ciel bleu avant les toiles de Van Gogh ? Voilà des peintres extralucides, des peintres de génie, qui voient ce que nous ne voyons pas. Nous finissons par voir le visible grâce à l'invisible qu'ils ont vu mieux que nous. Il y a donc plusieurs invisibles : l'abstrait, x, celui des lois de la physique, des lois de l'astronomie ; celui des cellules responsables de l'infection ; et celui des génies de la peinture. Mais il en existe un autre… J'en vois un plus mystérieux chez Van der Weyden – tout rouge –, ou chez Fra Angelico – beaucoup plus pâle –, dans la toile de L'Annonciation, ou chez Rembrandt dans Les Disciples d'Emmaüs ou dans son Jérémie. Rembrandt, là, baigne sa toile d'une étrange lumière qui parvient à nous faire voir cet autre invisible, dans l'extase ou le ravissement du spirituel.

— *Il est donc possible de peindre et de représenter l'invisible.*

— C'est même le but de la peinture de génie.

— *J'ai envie de vous relancer sur cette phrase de Saint-Exupéry : « On ne voit bien qu'avec le cœur », car, après tout, il y a aussi l'invisible des sentiments et des émotions.*

— Saint-Exupéry n'a rien inventé : il y a très longtemps, Pascal avait déjà dit que le cœur avait ses raisons que la raison ne connaissait pas… C'est une vieille histoire. Tout ce que j'ai dit dans cette émission consiste, précisément, à dire que l'invisible explique, guérit ou fait voir un autre monde souvent plus réel que celui du visible.

Chronique du 2 décembre 2012

La nuit

— *Chaque jour revient la nuit... La nuit rythme nos vies. Elle est le sujet de nos peurs et de nos fantasmes. Elle est vitale à nos cycles de repos circadiens. Elle « porte conseil », selon le vieux proverbe. Autrefois, la nuit, la guerre s'arrêtait ; maintenant, c'est la nuit qu'on effectue les bombardements les plus démoralisants. Michel, nuit rime-t-elle avec impuissance ?*

— « La lumière luit dans les ténèbres et les ténèbres ne l'ont pas reçue. » Aussi bien la religion de saint Jean, que je viens de citer, que la philosophie des Lumières pensaient, croyaient qu'il fallait combattre les ténèbres, que les ténèbres étaient actives et qu'elles allaient l'emporter sur la lumière. C'est un paradoxe extraordinaire. À plus d'un titre. Regardez en effet de tous vos yeux : n'importe quelle lueur, même la plus tremblotante des bougies, efface l'ombre, efface l'obscurité de la nuit, alors que l'obscurité n'a jamais, que je sache, vaincu la lumière ! Premier paradoxe, qui fait rire de l'image philosophique de la connaissance. Deuxième paradoxe, très connu des astronomes : c'est le paradoxe dit « d'Olbers » – du nom de l'astronome du XIXe siècle qui l'a mis au jour, mais ce paradoxe avait déjà été repéré par beaucoup d'autres aux XVIe et XVIIe siècles – qui démontre que si, dans n'importe quelle direction, le regard doit intercepter une étoile, la voûte céleste serait alors beaucoup plus brillante la nuit que le jour, et la luminosité devrait par conséquent être dix fois plus importante la nuit que le jour. Ce paradoxe a longtemps été impossible à résoudre, jusqu'à ce que l'expansion de l'Univers y apporte une explication logique. Il y a un troisième paradoxe sur lequel j'aimerais me pencher : nous avons perdu la nuit. Si vous regardez par exemple les photographies prises de notre planète la nuit, vous constatez que la lumière sature complètement nos régions occidentales, que ce soit l'Amérique du Nord, l'Europe…

— *Là où il y a de la vie, là où il y a des villes…*

— Oui, mais pas seulement. D'Oxford à Turin en passant par la Ruhr et la Suisse, on distingue très bien des taches de lumière gigantesques…

— *La pollution lumineuse.*

— Vous-mêmes, qui habitez les villes, constatez à quel point vous ne pouvez échapper à la lumière. Il est difficile de trouver la nuit, à moins d'aller dans le désert, dans l'Himalaya ou au sommet des Alpes.

— *En Périgord, on a encore un peu de nuit.*

— On a perdu la nuit comme on a perdu le silence. La lueur obligatoire est presque le parallèle de la rumeur obligatoire – je supplie nos auditeurs de protéger le silence. Et aujourd'hui, la nuit doit, elle aussi, être protégée, contrairement à ce qu'affirmait la philosophie des Lumières. Je reviens au paradoxe qui me paraît le plus important des quatre que je viens d'énoncer. Le modèle de la connaissance a, depuis toujours, été, pour les philosophes, la lumière. Philosophie des Lumières…

— *… siècle des Lumières…*

— … Ou le soleil : l'éclat qui ruisselle sur la vérité. Eh bien, si le jour était le modèle de la connaissance, de la science, et même de la conscience, il n'y aurait qu'une vérité. Voilà l'idéologie. Une vérité unique, totalitaire et, d'une certaine manière, cruelle et tyrannique. La science et le savoir ressemblent beaucoup plus à la nuit qu'au jour : le savoir est constellé de repères différents, multiples, ponctuels, dispersés, disparates. Le modèle de la science, de la conscience et du savoir devrait être la nuit plutôt que le jour d'autant que les repères brillants, divers et innombrables, se détachent sur le fond noir du non savoir. Je finirai par la beauté de la nuit. Il n'y a rien de plus beau que les constellations : Orion…

— *… le Capricorne, Cassiopée, la Grande Ourse…*

— … et les superbes géantes, rouges comme Bételgeuse, bleues comme Rigel, Véga au zénith du ciel d'été, Sirius du Grand Chien…

— *… la Lyre…*

— Antarès, qui est la tête de Méduse, scintille de mille et une couleurs, comme un diamant… Vous aurez remarqué que je prononce des noms grecs, comme Antarctique – de l'autre côté de l'Ourse –, ou Arcturus – la queue de l'ours –, mais aussi des mots latins : Septentrion – 7 égale 4 et 3, vous n'avez qu'à compter le nombre d'étoiles qui sont visibles dans la Grande Ourse… Et des noms, comme Rigel et Bételgeuse, qui, en arabe, désignent l'épaule et le pied. Ce mélange de noms français, latins, grecs, arabes s'explique par une vieille tradition : entre le Moyen Âge et l'âge classique, les astronomes, qu'ils fussent musulmans, chrétiens, juifs ou athées, collaboraient pour nommer les astres qu'ils observaient dans le ciel. C'est dans le ciel que se trouve la paix des civilisations, la paix des cultures…

— *Et c'est la nuit qu'on l'observe le mieux.*

— Il y a, dans la nuit, une sérénité que n'importe quel voyageur du désert, n'importe quel alpiniste de l'Himalaya ou des Andes a ressenti lorsque, à un moment, il a cru que les étoiles étaient si proches qu'il pourrait les toucher de la main. La nuit est plus belle que le jour, plus savante que le jour, plus pacifique et paisible que le jour.

Chronique du 1er mai 2011

La paix

— *Que n'a-t-on pas dit ou fait au nom de la paix ? « Civis pacem para bellum », disaient déjà les Romains. La paix, cet état instable, si propice au bonheur et si difficile à maintenir. La paix qui ne doit pas se conserver à n'importe quel prix. Elle est comme l'horizon, une ligne lointaine qui s'éloigne autant qu'on s'en approche, en tout cas jusqu'à ce jour. Michel, vous qui nous avez parlé des stigmates de la guerre, jugez-vous que la paix est une utopie ?*

— Mon père, l'un des rares rescapés de la boucherie barbare de 1914, en sortit gazé. Ma mère fut quant à elle une des rares filles à se marier – évidemment, tous les fiancés étaient morts à la guerre. Né au voisinage des Pyrénées, j'ai vu, en 1936, déferler chez moi les réfugiés de la barbare guerre d'Espagne, puis, trois ans plus tard, les réfugiés de la Blitzkrieg. J'avais 9 ans. De 1939 à 1947, j'ai vécu la Seconde Guerre mondiale, avec cent millions de morts, plus Auschwitz, Hiroshima, sans compter la Libération où la France frôla la guerre civile. À l'âge où je portais les armes, j'ai connu évidemment la Guerre d'Indochine, la Guerre d'Algérie et j'ai participé à l'expédition de Suez. Par conséquent, de l'âge de ma naissance jusqu'à 25 ans, j'ai connu la guerre, la guerre, la guerre. J'ai, par conséquent, une âme de paix. Mais oublions mon histoire pour parler de l'Histoire. Que s'est-il passé depuis 70 ans ? Nous, Européens occidentaux, sommes en paix et ce qu'il y a d'extraordinaire, c'est que, dans le monde, les « jeunes gens » qui nous gouvernent sont les premiers dans l'Histoire à n'avoir jamais connu la guerre. En France par exemple : Mitterrand a connu la guerre, Chirac a connu la guerre, mais à partir de Sarkozy et de Hollande, nos dirigeants n'ont jamais connu la guerre. Il en est de même en Allemagne, pour Madame Merkel…

— *En Grande Bretagne, pour Cameron. En Italie…*

— … En Amérique pour Obama, etc. Un adage de science politique disait : « L'État fait la guerre et la guerre fait l'État. » Un homme d'État était par conséquent un général, un stratège ou un guerrier. C'est fini.

— *Mais en Afrique…*

— Oui, parlons du monde. J'ai parlé de mon histoire, j'ai parlé de l'Histoire, je voudrais maintenant parler des causes de mortalité. Je supplie les auditeurs d'aller chercher sur Internet un texte intitulé « Les causes de mortalité dans le monde » : vous y découvrirez les résultats extraordinaires d'une liste établie par les organisations internationales, notamment l'OMS. Les causes de mortalité dans le monde sont : les maladies (les maladies infectieuses pour 29,7 % ; le cancer pour 13 % – cela fait, bien entendu, des millions de morts –, les maladies cardiovasculaires pour 12 %) ; les drogues (10 %) ; les accidents cérébraux (10 %) ; les accidents de la route (10 % également, avec 1 500 000 morts par an et 40 millions de blessés). Quant aux causes de mort par violence…

— *… liée à la guerre…*

— C'est 1 % en général ; et 0,30 % pour les causes de violences spécifiquement liées à la guerre. C'est négligeable. Dans le monde, je le répète, nous sommes en paix depuis 70 ans exactement. Or, les médias ne parlent que de violence, de guerres, de maladies et de catastrophes. C'est faux ! Ce que nous appelons « le sens de l'info » est aujourd'hui le contresens de l'info !

— *Vous parlez des morts, mais vous ne parlez pas de toute la misère que les guerres engendrent. Les réfugiés, les déplacés, les massacrés…*

— J'en conviens. Mais les morts par faits de guerre, c'est 0,3 %. On dit que la paix est une utopie, on dit que la paix est inaccessible : elle est installée depuis 70 ans dans le monde, pas seulement en Europe occidentale ! On drogue les auditeurs par la violence et la mort…

— *Ce qui renverse complètement le sens de la liste dont nous parlions.*

— J'ai l'impression aujourd'hui de faire une annonce extraordinaire à la radio : il n'y a que la paix qui règne actuellement dans le monde depuis presqu'un siècle. Alors qu'on dit exactement le contraire. Voilà pourquoi cette « affaire » me passionne : dans ma vie, je n'ai connu que la guerre, puis j'ai eu une âme de paix ; mais cette âme de paix est réalisée, ce n'est pas une utopie !

— *N'est-ce pas une vision occidentale, européenne ?*

— Pas du tout, les chiffres sont mondiaux, et établis par l'OMS. Je peux même vous donner le chiffre exact : 190 000 morts dans le monde, alors que les maladies cardiovasculaires, par exemple, en font 17 millions. La paix est aujourd'hui une réalité stable. Et la violence ne fait que reculer depuis la Seconde Guerre mondiale.

— *Nous sommes donc en paix et nous allons demander à la paix de donner plus de bonheur à tous ceux qui souffrent quand même des quelques guerres dans le monde.*

— Vous parlez de la souffrance, je parle du bonheur de la paix.

Chronique du 2 février 2014

La philosophie

— *Nous voici au cœur de votre univers : la philosophie. Philosophie pour laquelle on voit s'ouvrir des cabinets de consultation ! D'où vient cette vogue ? Le mot n'est-il d'ailleurs pas galvaudé ? Avons-nous besoin d'une dose de philosophie quotidienne, Michel ?*

— Inversement, Hegel disait : « La lecture du journal est la prière du matin du philosophe ». Et sur France Info, nous pouvons dire : « La petite leçon de philosophie devient la prière du journaliste le dimanche soir… »

— *Mais c'est formidable…*

— Et ce n'est pas une plaisanterie : vous, journalistes, avez, comme nous, une passion fondamentale, la passion de la totalité. Pas de choix : tout le réel. Tout le savoir. Toute l'histoire. Tout l'humain. La philosophie, c'est tout cela : toute l'encyclopédie, toute l'expérience mondiale et humaine. Et elle sert à tout : à voir lucidement le monde, à relativiser les valeurs sociales, à penser par soi-même, à devenir libre et à consoler les souffrances. Les siennes propres et celles des autres.

— *Ce qu'on avait déjà compris il y a trois mille ans…*

— On avait déjà compris cela il y a longtemps. Mais cela reste toujours à comprendre ! Mais à quoi sert-elle vraiment ? puisque vous m'avez posé la question. Elle sert à savoir perdre. Parce que la philosophie perd. Première défaite de la philosophie : cette passion de la totalité est vaincue aujourd'hui par les spécialités. Tout le monde rit de la personne qui se consacre à la totalité. Deuxième défaite, la lucidité dont j'ai parlé est aujourd'hui vaincue par la société du spectacle, par la propagation universelle de l'illusion. Mais, deuxième question, non plus à quoi sert-elle, mais *qui* sert-elle ? Est-elle esclave, asservie ? Non. La philosophie, indépendante, ne sert personne. C'est assez facile pour elle. Puisqu'elle est pauvre, elle ne sert pas la fortune. Comme elle est sans force et sans influence, elle ne sert pas le pouvoir.

— *Quelle modestie…*

— Elle ne sert pas la secte, elle ne sert pas les partis. Non, elle perd. Troisième défaite, cette indépendance est aujourd'hui vaincue par le mimétisme dont la publicité revêt toute chose. Au fond, je vais énoncer les défaites de la philosophie.

— *Mais quand vous dites que la philosophie n'influence pas… Sartre, par exemple, n'a pas influencé…*

— … dans la mesure où il a servi un parti, dans la mesure où il a servi une idéologie, dans la mesure où il a obéi aux diktats de cette idéologie, sa philosophie était plus servile qu'engagée. Ce n'est pas celle que je loue aujourd'hui. Je loue plutôt l'indépendance, la liberté, la lucidité. Sur ce point, en effet, et Sartre en est la preuve, la philosophie est vaincue. Je crois aussi que la philosophie est à la fois le comble de la culture et le couronnement de l'éducation. Elle permet de comprendre la sagesse, la science, etc. Surtout, elle permet, à mon avis, de prévoir. Et ceci est ma définition propre de la philosophie : c'est l'anticipation des pratiques et des théories à venir, des civilisations à venir. Qui n'anticipe pas n'est pas vraiment philosophe.

Toutes les époques – du moins chez nous – ont vécu sur des programmes de philosophie. Ainsi le Moyen Âge a vécu sur le programme d'Aristote. La modernité sur le programme de Descartes – être le maître et le possesseur de la nature. Mais, de nouveau, quatrième défaite : cette anticipation est vaincue par le fait qu'aujourd'hui, nous ne diffusons que l'information du présent. Le présent à tout prix. *Exit* la compréhension du passé ou l'anticipation de l'avenir.

— *Le temps des philosophes serait fini ? Est-ce cela que vous voulez nous dire ?*

— Non. Je vais énoncer une cinquième défaite pour ensuite tenir un autre discours. Je crois que la culture, aujourd'hui, est vaincue parce qu'elle est douce – au sens de *soft*. Elle est vaincue par l'économie dure – au sens de *hard*. Je viens d'énoncer les cinq défaites de la philosophie. Mais ces cinq défaites – je réponds alors à votre question – débouchent sur une autre question : sommes-nous heureux ? êtes-vous heureux ? Suis-je heureux ? La philosophie, dite autrefois « amour de la sagesse », me paraît alors mal traduite. On devrait dire : « sagesse de l'amour ». Et la vraie victoire de la philosophie est la suivante. Comme elle est toujours vaincue et qu'elle a le sens et l'analyse de la défaite, elle voit que le vainqueur, celui qui gagne, est toujours une image, une idole sociale. Une sorte de matamore, d'arrogant, de paranoïaque. Et qu'il est complètement asservi. Effectivement, le vainqueur sert les idéologies en cours. Esclave, le vainqueur est le vrai vaincu.

— *Elle est un peu perfide, votre philosophie, à se camoufler sous la défaite…*

— Elle admet la défaite et la pense. Elle enseigne un savoir-perdre. Or celui qui perd est ramené, en tant que vaincu, à son individu, à sa finitude, à sa culture, à sa liberté, à son indépendance, à sa lucidité, à son autonomie, à son amour… D'une certaine manière, il retrouve toutes les qualités dont j'ai parlé pour la philosophie. Du coup, il réapprend cette chose fondamentale qu'on a peut-être perdue de vue : le désir de vivre heureux, profondément heureux, calme et serein. Voilà, à mon sens, la vraie définition de la philosophie.

— *Effectivement, le langage populaire, devant un échec ou une défaite, dit : « Je suis philosophe »…*

— Le peuple a une bonne définition de la philosophie, meilleure que celle des doctes. Elle découvre le fond, le socle, le tuf de la vie humaine.

Chronique du 19 novembre 2006

La poésie

— *Michel, comme moi, vous constatez que la poésie disparaît. Pourquoi ? Et puis, avons-nous besoin de poésie ? Je vais même vous demander : à quoi sert la poésie ?*

— Le mot « poésie » a été inventé pour répondre à votre question. Comment dit-on, en grec, la fabrication, la création ? On traduit ce vocable français par deux mots. Le mot *praxis*, qui veut dire la « pratique » – la fabrication d'objets, objets techniques ou d'usage courant. Ce qui sert apparemment. Et *poiesis*, qui signifie aussi « fabriquer ». Fabriquer, non pas par le travail obligé ou serf, mais par l'œuvre libre et choisie. Mais qu'est-ce que faire une œuvre ? Et en particulier, pour la poésie, au moyen du langage ? Que fabriquons-nous ainsi ? J'aimerais faire une analogie très peu poétique avec le pétrole. Le pétrole est une matière extraordinairement riche, puissante, complète…

— *… noire, grasse, moche, qui sent mauvais !…*

— … mais qui contient des choses si extraordinaires que si on savait vraiment s'en servir, on en tirerait de multiples choses. Or, le plus souvent, on ne fait que le brûler.

— *Oh non ! on fait des matières plastiques avec, des tas de trucs…*

— Si vous voulez. Ainsi pour le langage : on s'en sert pour communiquer, pour annoncer les nouvelles, pour dire bonjour à son voisin. Pour la communication. Et on est persuadé que le langage est fait uniquement pour la communication. Eh bien, pas du tout. Je crois que le langage répond précisément à la question posée par la distinction entre *praxis*-pratique et *poiesis*-oeuvre. Que fabriquons-nous avec le langage ? La réponse est simple : nous nous fabriquons nous-mêmes. Le langage nous donne la conscience que nous avons de nous-mêmes, celle que nous avons de notre propre corps. Nous ne pourrions pas exister sans le langage. Il nous fabrique. Dans la vie quotidienne, nous ne pouvons exister que si nous nous racontons à nous-mêmes qui nous sommes et ce que nous faisons.

— *C'est plus important que l'échange ?*

— Oui, plus important que la communication, plus important que l'échange, parce que c'est ainsi que nous nous fabriquons et que nous différons des animaux. Le langage nous fait nous-mêmes individus, hommes. La poésie fait appel à cette fonction du langage. Cette fonction de nous fabriquer nous-mêmes. De faire notre corps, notre esprit, notre conscience, notre humanité, notre nature. Il faut prendre le langage à l'état naissant puisqu'il nous fait naître.

— *La poésie fait-elle partie de notre quotidien ou est-elle complètement à part ? On irait la chercher de temps en temps, on la déterrerait… ?*

— Non. Elle est là, parmi nous. Je vais vous donner quelques exemples. Comment dire le temps qui s'écoule ?

— *Normalement…*

— Le poète le dit mieux que nous ne pourrons jamais le dire : « Le moment où je parle est déjà loin de moi. » N'est-ce pas extraordinaire de précision et de finesse ?

Autre exemple, vous dites : « Le fruit est bon. » Le poète, lui, dira :

Comme le fruit se fond en jouissance
Comme, en délice, il change son absence
Dans une bouche où sa forme se meurt.

Comment dire mieux ? Comment mieux exprimer le plaisir de goûter ? Ces trois vers me donnent ma bouche plus encore que l'eau à la bouche !

— *Vous ne prenez pas les surréalistes en compte ?*

— L'amour : « Volage adorateur de mille objets divers. » Une belle femme qui passe : « Le charme dominant qui marche à votre suite. » Ainsi marche le charme. Ainsi le poète met-il en musique la traînée magique laissée par la beauté. Il lui donne corps.

— *Alors, cette poésie dont vous nous décrivez l'aspect absolument indispensable pour arriver à bien décrire…*

— … non, pour se créer soi-même. Voilà le langage pris au niveau de la musique. Quand la musique a le plus de sens possible parce qu'elle n'a plus aucun sens. Et puisque je parle de la musique, la poésie est aussi affaire de rythme.

— *Bien sûr.*

— Mur, ville
Et port
Asile
De mort
Mer grise
Où brise
La brise
Tout dort

Dans la plaine
Naît un bruit

C'est l'haleine
De la nuit
Elle brame

Comme une âme
Qu'une flamme
Toujours suit.
La voix plus haute
Semble en grelot
D'un nain qui saute
C'est le galop
Il fuit, s'élance
Puis en cadence

Sur un pied danse
Dessus le flot.

On entend le rythme, le changement de rythme, le *tempo*, *crescendo*, et, enfin, l'émergence de la musique, à partir du bruit de fond.

— *L'auteur ?*

— Corneille, Victor Hugo, Valéry... qu'importe ! Leur poésie dit seule, de façon rigoureuse et la plus proche possible de la musique, le sens du corps, de la conscience, du destin humains.

— *Michel, vous venez de condamner la prose...*

— Comment ? Ne viens-je pas de dire tout cela en prose ?

— *Justement, un petit mot sur la prose avant de se quitter. On ne peut pas imaginer un monde dans lequel on emploierait la poésie comme langage véhiculaire ?*

— Sûrement pas. Là, nous prenons le langage au sens de la *praxis*, de la pratique, de l'utilité. La poésie est indispensable parce qu'elle s'oppose à ce qui est sans goût, sans intérêt dans le monde dans lequel nous vivons. Elle rend la pratique ordinaire. Elle fait voir que, le plus souvent, plus on *communique*, moins on dit.

— *La poésie nous élève…*

— Je vais rentrer chez moi en métro : merci à la RATP de mettre un peu de poésie dans les wagons, au milieu de l'horreur publicitaire.

Chronique du 11 mars 2007

Le premier venu

— *Nous allons tenter de parler du hasard rapporté à l'homme : le premier venu. Chaque jour, sans qu'on sache pourquoi, des rencontres débouchent sur des chances ou des malchances. Michel, avez-vous à ce sujet une de vos fameuses petites boîtes à ouvrir ?*

— La boîte aujourd'hui va s'appeler la Bible. Au chapitre XI du Livre des Juges, la Bible raconte l'histoire de la fille de Jephté. Stratège du peuple hébreux, Jephté adresse, avant la bataille, un vœu au Seigneur : « Si vraiment tu me livres mes ennemis, si vraiment je suis vainqueur de cette bataille, je t'offrirai en holocauste quiconque [c'est-à-dire le premier venu] viendra à ma rencontre lorsque je sortirai victorieux de la bataille. » Jephté part à la bataille et inflige une énorme défaite aux Ammonites, ses ennemis. Il s'en retourne, triomphant, chez les siens. C'est alors que sa fille vient à sa rencontre avec des tambourins et des danses.

— *Hélas…*

— C'est son unique enfant. Dès qu'il voit cette « première venue », Jephté déchire ses vêtements et crie : « Ah, ma fille, tu me supplicies, tu m'accables, je me suis engagé devant le Seigneur et je ne peux pas revenir en arrière. » Et sa fille lui répond : « Père, tu t'es engagé devant le Seigneur, agis envers moi selon l'engagement que tu as pris. »

— *C'est le sacrifice d'Abraham, ça.*

— Jephté sacrifie donc sa fille. Exactement comme Agamemnon, qui a besoin de vent pour aller assiéger Troie, sacrifie sa fille Iphigénie. Mais dans le sacrifice d'Iphigénie, il se passe une chose tout à fait nouvelle : au moment où Agamemnon, ou le prêtre, va sacrifier sa fille – qui n'est pas, comme dans le cas de la fille de Jephté, la première venue –, la déesse Artémis lui substitue une biche qui se trouvait là.

— *Une biche qui, pour le coup, est la première venue !*

— C'est exactement ce qui se passe dans le sacrifice d'Abraham : au moment où Abraham va sacrifier son fils Isaac, il trouve le bélier dont les cornes se sont prises dans le buisson.

— *La main de Dieu…*

— Le sacrifice humain devient le sacrifice animal. Et le premier venu passe de l'homme à la bête. Dans certains sacrifices antiques, on faisait tourner un troupeau de bœufs autour de l'autel et à un moment, le prêtre sacrifiait le bœuf qui passait là – qui était le premier venu.

— *Ça me fait penser à « décimer »…*

— Oui. Mais « décimer », ça voulait dire qu'on en tuait un sur dix.

— *Et un peu au hasard aussi…*

— C'était le premier venu, en effet. Vous avez raison de le dire. Dans ces bœufs qui tournent autour de l'autel, vous voyez une première idée de la roue de la fortune.

— *Ou de la mauvaise fortune.*

— Les techniques du hasard sortent précisément de ces boîtes-là, de ces boîtes mythiques extraordinaires où le premier venu devient le sacrifié, et où le sacrifié est quelquefois substitué. Le mot « victime » le dit à la lettre. Il est formé d'une racine que l'on retrouve dans « vice-amiral » ou « vice-président » : celui qui remplace l'amiral... Voilà l'archéologie des jeux... L'archéologie de la statistique et du hasard. Et c'est une rencontre. Jephté rencontre sa fille, la déesse Artémis envoie la biche et Dieu, le bélier. Ce mot « rencontre » est très intéressant. C'est une nouvelle boîte...

— *Une deuxième boîte !*

— Ce mot est composé de deux prépositions : « en » et « contre », et d'un préfixe, « re ». Et ce « re » signifie « une nouvelle fois », comme dans le cas de « refaire » ou de « reformuler » : par conséquent, dans le cas d'une rencontre, ce n'est pas le « premier venu ». Mais « re » peut également signifier un renforcement : il menace de me « rentrer » dedans. Dans le cas d'une « rencontre » de rugby, d'une « rencontre » de football, c'est plutôt de ce « re »-là dont il est question. Pour le « premier venu », rencontre est un renforcement, c'est donc ou un miracle, ou une catastrophe. Une catastrophe : « Il était un petit navire, les vivres vinrent à manquer, on tira à la courte paille qui serait mangé ; le sort tomba sur le plus jeune... » C'est curieux ! La première fois, c'est la fille ; la deuxième fois, c'est encore la fille ; la troisième fois, c'est une bête ; et maintenant, c'est le plus jeune. C'est souvent le plus faible qui est sacrifié. Mais c'est parfois une merveille… C'est Brassens qui chante sous son parapluie le paradis d'avoir rencontré…

— *… « Un petit coin de paradis contre un coin de parapluie… »*

— Le tirage au sort et les statistiques, le rapport du grand nombre au premier venu, notions éminemment scientifiques, sortent des mythes les plus anciens. Et je voudrais conclure en remarquant qu'à l'encontre de l'expression « le premier venu », on dit souvent de quelqu'un qu'on admire : « Ah, ce n'est pas le premier venu ! » Il y a, dans le « premier venu », une sorte de double jeu entre la catastrophe – la victime, la mise à mort, la violence, etc. – et ce paradis que chante Brassens, c'est-à-dire la découverte de la bien-aimée, la découverte d'une chance rare. Et je dois témoigner que la vie – ma vie ou la vie de quiconque…

— *… est constituée de ces choses-là…*

—… est constituée de rencontres de hasard qui sont des accidents, des catastrophes, des malheurs, c'est sûr, mais aussi des bonheurs. Peut-être les seuls et grands bonheurs de la vie viennent-ils de ces miracles-là… Souviens-toi, je t'ai rencontrée…

Chronique du 18 décembre 2011

Le rire

— *Ah ! que c'est bon quand on rit à gorge déployée, sans effort, surpris par la drôlerie ! Le rire nous accompagne souvent, nous le recherchons. C'est un remède, c'est un loisir, mais il n'est pas si facile à provoquer… Le rire est le cadeau que nous font les humoristes, mais il est aussi parfois le produit de situations totalement imprévues, involontaires. Vous aimez rire, Michel. Aimez-vous faire rire ?*

— Vous souvenez-vous du chevalier de Haddock luttant avec courage contre les pirates ?

— *Bien sûr !* Le Trésor de Rackham le Rouge.

— Les pirates s'emparent du vaisseau, le mettent à feu et à sang et emprisonnent le chevalier, qu'ils attachent au mât d'artimon. La nuit arrive, les pirates se soûlent abominablement et le chevalier profite de l'inattention de ces ivrognes pour se dégager de ses liens, mettre le feu à la sainte-barbe et détruire à la fois le vaisseau et les pirates. Et le voilà échoué sur une île déserte. Bien entendu, ce n'est pas ça qui est comique. Ce qui est comique, c'est qu'ayant découvert les Mémoires de son ancêtre, son descendant, pris d'une sorte de frénésie, saisit un coupe-chou, monte à l'abordage de la table de la salle à manger – que, bien entendu, il renverse –, traverse avec son coupe-chou…

— *… le portrait de l'ancêtre…*

— D'abord, l'éventration des polochons : les plumes envahissent la salle à manger, ensuite Haddock traverse le portrait et finit dans le lustre. Ce qui est extraordinairement comique, c'est le mimétisme entre le vrai courageux et le faux. Le talent d'Hergé me paraît ici reprendre avec beaucoup de génie ce que nous savions déjà des aventures de notre va-t-en-guerre de Don Quichotte. Qui portait évidemment un casque en carton, une cuirasse mal foutue, qui chevauchait une Rossinante et qui attaquait…

— *… les moulins à vent. Avec Sancho Pança.*

— Et Sancho Pança rit de ce monsieur qui se croit un grand chevalier, qui croit attaquer, qui croit faire la guerre et qui, en fait… ne fait rien du tout. Souvenez-vous aussi du capitaine Haddock, dans le désert…

— *Au pays de l'or noir.*

— Une bouteille à la main, complètement soûl, il met en fuite des armées qui l'attaquent. Et on s'aperçoit qu'il y avait derrière lui une compagnie blindée… Riez en comparant le Cid et Matamore. Le Cid est un dur et Matamore est un mou. Je crois que la différence est là. C'est Fanfan la Tulipe, c'est Robin des bois, c'est le capitaine Fracasse, etc. De gros durs de fiction qui imitent les vrais durs dans la réalité… Et là, je peux devenir sérieux: Bergson, dans son célèbre livre intitulé Le Rire, le définit comme ce qui jaillit d'une mécanique plaquée sur le vivant. Cela m'a beaucoup étonné. Moi qui ai fait des études de biologie, je sais bien qu'on ne comprend le vivant qu'avec l'aide de modèles mécaniques: le cœur est une pompe, les poumons sont une soufflerie, l'urètre est un canal…

— *… le cerveau est un ordinateur…*

— Voilà. Et donc si Bergson avait raison, tous les amphithéâtres de médecine, tous les labos de biologie devraient rire aux éclats... Bergson a dû se tromper quelque part... Mais je vais essayer de « rattraper le coup » : si la mécanique, c'est du dur, et si le vivant, c'est du mou, je retrouve le capitaine Haddock, je retrouve Don Quichotte, je retrouve Matamore, je retrouve le dur qui roule – voilà qui tombe bien ! –... des mécaniques. En fait, il ne fait rien qu'imiter. Et c'est de cette imitation que jaillit le comique. Les exemples abondent. Le capitaine Haddock mimait la guerre. Mais prenez la chasse : les gens qui racontent la chasse...

— *Tartarin...*

— Que raconte Tartarin de Tarascon ? Qu'il est allé chasser le lion dans l'Atlas. Quand il est revenu à Tarascon, il a sans doute acheté quelques descentes de lit chez le marchand pour faire croire qu'il avait tué des lions... C'est un mou, lui aussi. Je crois que la plupart des chasseurs qui racontent des exploits ont acheté leurs lapins au marché avant de revenir chez eux. Après la guerre, après la chasse, l'amour. De quoi se vante Cyrano de Bergerac ? De son nez.

— *« Un pic, un roc, un cap... une péninsule... »*

— Hippocampéléphantocamélos, qui a « tant de chair sur tant d'os ». De son nez : en êtes-vous bien sûr ? Vous aurez reconnu la vantardise masculine typique. Il parle de son pénis. Un pénis bien mou puisque, quand il s'agit d'aimer Roxane, Cyrano se cache dans le noir et n'ose même pas lui déclarer sa flamme. C'est un fiasco. Et fiasco, en italien, ça veut dire « flasque »…

— *Mou !*

— Je crois bien que ce rapport entre le dur et le doux, on le retrouve dans la publicité. La publicité, c'est le travail de la « comm ». Quelle que soit la valeur du produit, la « comm » dira que c'est le meilleur du monde. Même les restaurants qui servent des saletés disent : « Nous, c'est le goût. » Or, c'est exactement le contraire ! Nous devrions éclater de rire chaque fois que nous passons devant une publicité. Les gens de la comm… c'est des mous qui font les durs !

Chronique du 16 octobre 2011

La santé

— *« Le travail, c'est la santé, rien faire, c'est la conserver », chantait Henri Salvador. « Quand la santé va, tout va », et c'est bien vrai. Mais plus on vieillit, plus la santé est une charge et une préoccupation. La santé, c'est également la solidarité, la recherche – indéniablement une réflexion sur le devenir de l'humanité…*

— Pour en parler, je voudrais commencer par les cinq sens – l'ouïe, la vue, l'odorat, le goût et le toucher. On en privilégie généralement deux : les yeux et les oreilles. La preuve, c'est que si on est privé des yeux et des oreilles, on dit « sourd » ou « aveugle », mots fort connus, alors que si on est privé des trois autres, on dit « anosmique » ou « agueusique », mots pratiquement inconnus. Un manque est considéré comme grave, et l'autre, beaucoup moins. Mais on en oublie un sixième… Car il y a un sixième sens, qui est le sens intime, le sens interne. Les savants appellent cela « proprioception » ou « cénesthésie » : ce sont des mots savants qui veulent simplement dire la sensation que nous éprouvons de notre propre corps. Et c'est à partir de cette cénesthésie, de cette sensation interne que je voudrais définir la santé. Notre corps est formé de milliers, de centaines de milliers, de milliards de cellules. Et chacune de ces cellules contient des milliers de molécules dont chacune s'adonne à des milliers et des milliers de réactions chimiques ou biochimiques…

— *Sans cesse !*

— À supposer que nous sachions construire une telle organisation, elle ferait un bruit assourdissant.

— *Comme une immense machine !*

— De fait, elle doit faire un bruit de fond de ce genre. Et pourtant, nous ne l'entendons pas… Pourquoi ? Mystère…

— *Notre système est discret.*

— Je vais par conséquent essayer de parler de ce bruit que nous n'entendons pas, ou que nous entendons parfois. Et je vais par là-même vous annoncer une grande nouvelle, une nouvelle étonnante. Peut-être n'y a-t-il pas, dans l'Histoire, de plus étonnante nouvelle !

— *Vous m'intriguez !*

— La voici : un peu avant la Seconde Guerre mondiale, un grand spécialiste de la chirurgie, le Professeur René Leriche, avait été le premier à travailler sur la question de la douleur. Et dans un livre très célèbre, sur la douleur précisément, il avait défini la santé comme « le silence des organes », c'est-à-dire justement…

— *L'absence de douleur.*

— Voilà qui renvoie à la question que je posais tout à l'heure : comment se fait-il qu'on n'entende pas cet immense bruit biochimique ? Du coup, tous les philosophes, tous les historiens de la médecine, y compris le célèbre Georges Canguilhem, avaient médité sur cette phrase : la santé est le silence des organes. En effet, pour Leriche, lorsque les organes se font entendre – s'ils ne sont plus dans le silence – alors ils crient de douleur et nous souffrons. La maladie, le malaise, ce que j'appellerais volontiers le « dés-aise », se caractérisent précisément par l'ouïe des organes.

— *Nous entendons alors nos organes ?*

— Normale, la santé se tait ; pathologique, le malaise bruit. L'écart entre le normal et le pathologique peut donc se définir par la différence entre le silence et le signal, l'aise et le désaise. Tout signal émané de nos organes serait donc d'ordre pathologique.

— *C'est l'invention du stéthoscope…*

— Notre corps ne parlerait que de son mal. C'est curieux, exactement comme les médias, le corps ne donnerait que de mauvaises nouvelles !

— *Dès qu'on l'entendrait, on serait malade.*

— Voilà justement la nouvelle que je voudrais annoncer au spectateur et qui ne fait pourtant jamais la une des journaux : depuis quelques décennies, on entend, on lit partout des recommandations du type « restez donc en forme ! » « recherchez votre bien-être », « prenez en main votre santé »… Ces litanies vous font sans doute sourire, et pourtant, elles illustrent un événement de première importance : il existe dorénavant deux santés. La santé normale, basique, qui peut se définir par le silence des organes – le format plat, le signal de la normalité – ; et une seconde santé, qui pourrait se définir par un nouvel ensemble de signaux qui seraient issus du bien-être, qui chanteraient le bien-être. Quand notre corps parle, il parlerait mal – on est malade…

— *Mais si je bouge, si je fais du sport, si je mange sain, mon corps chante !*

— Mon corps ferait retentir une musique d'aise, de plaisirs, de joie, de liesse, d'harmonie avec le monde et les autres.

Chronique du 8 décembre 2014

Tactile

— *Le monde tactile nous envahit. Écrans de téléphone, d'ordinateur, iPhone et boutons d'ascenseurs, écrans en braille pour les aveugles... le toucher, l'effleurement, le contact se substituent à des mouvements millénaires et mécaniques, comme si nous devenions tous des pianistes. Michel, êtes-vous tactile ?*

— Le toucher, c'est d'abord l'abolition de la distance. Et quand vous parlez de « tactile », il s'agit de l'accès à l'information, et même à la connaissance, par – et seulement par – le tact. Nous en avons déjà parlé au moins deux fois : à propos du zapping – vous en souvenez-vous ?...

— *Avec les zappettes, les télécommandes*.*

— ... et à propos des aveugles. Je voudrais maintenant comparer le tact aux cinq autres sens. Parce qu'il y en a six, comme vous le savez. Nous disons par exemple « aveugle » pour celui qui voit mal ou qui ne voit pas. Nous disons « sourd » pour celui qui entend mal ou qui n'entend pas. Mais qui connaît les mots qui désignent celui qui manque ou de goût ou d'odorat ? Ces mots sont très peu connus : anosmique, c'est celui qui manque d'odorat, et agueusique, c'est celui qui manque de goût.

— *Alors là…*

— Cette ignorance n'est-elle pas le signe que, probablement, on méprise un peu à la fois le goût et l'odorat ? On met en avant l'ouïe et la vue.

— *C'est vrai qu'on a le sentiment qu'il est plus important de voir et d'entendre.*

— Il y aurait une hiérarchie des sens. Inversement, comment nommer celui qui n'a pas de tact ? C'est très difficile. « Intact », c'est celui qui n'est pas touché, pas celui qui ne touche pas. On dirait peut-être « inapte »… En outre, nous observons que les autres sens sont liés à un ou deux organes qui sont situés en des points singuliers du corps, comme les oreilles, le nez, la langue, les yeux ; alors que le tact court sur la totalité du corps. C'est la totalité de la peau qui est concernée. Le tact devrait donc être beaucoup plus important que les autres sens ! D'ailleurs, lorsque j'ai écrit Les Cinq Sens, j'en ai fait le premier des sens et j'ai commencé par « Le toucher ».

— *Vous dites plutôt le « tact » que le « toucher » ?*

— On dit les deux, bien entendu, mais « tact » possède les deux sens, à la fois physique et moral. « Manquer de tact » signifie manquer de gentillesse ou d'équanimité.

— *Mal toucher, en quelque sorte.*

— Voilà. Et puisqu'on parle de « tact », je vais vous faire remarquer qu'il y a justement, pour le tact, des mots très peu connus, des mots très rares. Connaissez-vous par exemple une science qui s'appelle la « tribologie » ? C'est à la fois une science physique et une science médicale, qui étudie les effets des frottements et des frictions : une science du tact, une science du toucher. Et elle a découvert que deux corps qui sont en contact, en con-tact, développent entre eux, lorsqu'ils se frottent, un troisième petit feuillet, comme s'ils produisaient ou qu'ils créaient, au moment du frottement, une sorte de tiers corps, de corps troisième.

— *Une énergie.*

— Un autre mot, qui dérive aussi d'un mot ou latin ou grec, concernant le tact, c'est « haptonomie » : une technique très connue maintenant et pratiquée par les femmes enceintes ou qui viennent d'accoucher, qui permet, par des attouchements bien ordonnés et précis, de préparer l'arrivée, l'accueil de l'enfant.

— *On se rapproche du massage.*

— Presque de la caresse. Ces mots, assez rares, montrent à quel point le toucher est méprisé. Je voudrais parler de ce mépris du toucher. Pourquoi ? Parce que je suis du midi de la France. Or il y a des cultures du toucher, et des cultures où on ne touche pas. Dans les pays latins, ou dans les pays du Midi, on se prend volontiers par les épaules, on se prend volontiers par la taille, on s'embrasse, alors que dans le Nord, ou dans les pays anglo-saxons, de telles conduites sont souvent considérées comme méprisables, comme agressives…

— *Indélicates.*

— … comme des quasi-viols. Vous voyez à quel point la distance est importante. Savez-vous qu'« horrible » signifie « les poils qui se dressent lorsque quelqu'un s'approche de moi ». Le caractère d'horreur définit justement cette distance. Né dans le sud de la France, j'ai dû apprendre à m'éloigner, d'abord quand j'ai émigré à Paris, ensuite quand j'ai émigré aux États-Unis. Mais pour finir, je voudrais quand même revenir à votre sujet, à l'accès à l'information et à la connaissance par le tactile.

— *À l'écran de votre iPhone.*

— Avez-vous remarqué que la plupart des gens, et même la plupart des philosophes – les ignorants et les savants –, croient que la vision est le modèle de l'accès à la connaissance ? Eh bien, c'est une erreur : l'ouïe est un accès aussi important et il en va de même pour l'odorat. La preuve : « entendre » signifie « comprendre », et « sentir »…

— *… signifie « percevoir ».*

— J'estime un philosophe qui a mis le tact au centre de tout : un certain Lucrèce, qui dit que la vision nous met directement en contact avec des membranes que chaque chose que nous voyons émet et disperse dans l'espace. Et ces membranes – qu'il appelle des

« simulacres » – circulent à toute vitesse dans l'espace entre nous, telles des peaux mobiles. Elles se posent sur nos yeux. Vous voyez là que ce modèle tactile abolit toute distance. La vue crée la distance. On a du recul quand on voit, tandis que quand on touche, on a l'impression – la pression ? – que la distance s'abolit. Et si Lucrèce a raison, nous nous caressons sans arrêt les uns les autres, et nous caressons le monde qui nous caresse. Et du coup, l'espace du tact, c'est l'espace de la caresse, c'est-à-dire la fin des distances, le bonheur et la paix.

Chronique du 8 novembre 2009

L'utopie

— *En ces temps de crise, les idéologies réapparaissent dans l'actualité : libéralisme, collectivisme, individualisme, mondialisme sont au cœur du débat politique. Nous assistons au retour des utopies. Le monde parfait, à l'image de celui dessiné par Thomas More au* XVI*e siècle, l'Eldorado prôné un peu plus tard par Voltaire. Le monde de tous les bonheurs n'existe qu'au prix d'organisations très dirigistes, et il est possible que cela ait fait le lit du marxisme. Mais l'utopie nous pousse aussi en avant, elle nous oblige à croire à l'impossible, elle constitue une sorte de moteur, Michel, qu'il faut savoir piloter, sans trop appuyer sur l'accélérateur.*

— L'utopie est un mot, l'utopie est un titre, l'utopie est un lieu. D'abord, le mot. Parlons grec pour une fois :

U-Topos, c'est ce qui n'existe en aucun lieu, ce dont le lieu est nulle part. Au fond, c'est « nulle part ». Le titre, c'est en effet celui du livre de Thomas More, Utopia, qui a été publié en 1516 et qui essayait de décrire la meilleure forme de gouvernement. Dans More, cela commence ainsi : c'est une île. Mais Thomas More n'invente pas complètement : il invente le mot, bien sûr, mais bien avant lui il y avait l'Atlantide, décrite par Platon ; et il y a, à la même époque, chez Rabelais, les îles Tohu et Bohu. En général, utopie est une île. Une île est en effet…

— *Un univers isolé.*

— Isolé, c'est le même mot qu'île, ça tombe bien : un modèle réduit du monde et de l'humanité. Marivaux, Jules Verne et beaucoup d'autres ont décrit des îles. Certaines où tout se passe bien ; d'autres où cela se passe très mal, comme dans les Dix petits nègres d'Agatha Christie, où, sur une île isolée par la tempête, les gens se mettent à mort les uns les autres, jusqu'à éradication complète de la collectivité.

— *Ou Clipperton. Vous connaissez l'histoire de Clipperton ?*

— « L'île mystérieuse » m'a beaucoup fasciné quand j'étais jeune. C'était, pour moi, l'idéal de la formation, on reprenait tout à zéro : soit une île déserte, on y jette un groupe d'hommes nouveaux et tout repart à zéro, à la fois l'Histoire, la formation, l'humanité, l'industrie, le commerce, et ainsi de suite. Aussi avez-vous raison de dire qu'en temps de crise, on énonce ces choses-là…

— *On ravive.*

— On pourrait dire qu'autour d'un point, il y a trois cercles : en temps de crise, on évoque d'abord la réforme, puis la révolution, enfin l'utopie. La réforme, c'est, simplement, améliorer des étapes, des détails, améliorer localement l'état de telle et telle chose, de telle et telle institution. Revenir sur le passé.

— *Mais sans bouleverser.*

— La révolution, ce serait : on change tout et on recommence quasi à zéro. Mais l'utopie, c'est encore plus fort que la révolution : on va, dans un endroit non localisable, temporellement comme géographiquement, pour y reprendre la totalité de l'histoire à partir du commencement.

— *Un idéal.*

— En France, il y a eu beaucoup d'utopistes. Savez-vous que des communautés sont parties, dès le début du XIXe siècle – fin XVIIIe, début XIXe –, refonder, en Amérique, dans un État nouveau, souverain, des utopies qui avaient été décrites par Cabet et un certain nombre de socialistes utopistes français. Ainsi, au Texas, des communautés se sont-elles mises à cultiver le sol. Il fut un temps où le Texas parlait plus français qu'anglais, et il y a encore des familles où le souvenir de ces communautés-là est encore vivace. Pourquoi ont-ils échoué ? Pour une raison toute simple : c'est que, partis de France avec l'espoir enthousiaste de changer les choses, ils étaient tous plus ou moins des intellectuels – comme moi, d'ailleurs –, et ils manquaient d'agriculteurs, de forgerons, de gens qui savaient élever des chevaux, etc. – de manuels. Du coup la communauté n'a pas perduré. Du coup, ces utopies-là sont restées à l'état d'utopies. À côté des utopies, il y a aussi ce qu'on a appelé des uchronies : que se serait-il passé dans l'Histoire si Jeanne d'Arc, par exemple, n'avait pas bouté les Anglais hors de France, si Napoléon n'avait pas existé, si nous n'avions pas vendu la Nouvelle-France, si Montcalm avait gagné contre les Anglais dans la bataille des plaines d'Abraham, au Québec, etc. ? On refait l'Histoire, on revient en deçà des erreurs de certains gouvernants, de certains peuples, pour refonder l'Histoire.

— *Cela me paraît une forme polie de révisionnisme…*

— Il m'arrive de penser que l'Histoire, telle qu'elle est parfois reconstituée par les historiens, est souvent une simple uchronie. Mais je voudrais finir en disant que je suis l'auteur d'une utopie. Définissant, dans un livre, la « guerre mondiale » comme la guerre des hommes contre le monde, je me suis demandé si, prenant conscience de cette guerre totale, les hommes arrêteraient les guerres ordinaires qui les opposent entre eux, pour réparer la voie d'eau qui a déchiré leur navire-planète.

— *Pour réparer…*

— Du coup, l'île n'est plus ancrée dans la Terre, l'île, c'est la Terre elle-même. Aujourd'hui, la Terre est notre vaisseau. Et si on découvre une voie d'eau dans la proue du vaisseau, les matelots de bâbord continueront-ils de se battre contre les matelots de tribord, ou se mettront-ils ensemble pour réparer la voie d'eau ? C'est cela, l'utopie de la guerre mondiale. Elle nous conduirait à la paix perpétuelle.

Chronique du 12 avril 2009

Le vin

— « In vino veritas » *écrivait Pline l'Ancien, reprenant des auteurs grecs. Rabelais disait : « Le jus de la vigne clarifie l'esprit et l'entendement, apaise l'ire, chasse la tristesse et donne joie et liesse. » Et Coluche que le vin « devrait être obligatoire ». Le vin serait consommé depuis plus de sept mille ans. Nombreuses sont ses vertus. Il est un élément incontournable de la gastronomie. L'œnologie est une science reconnue. C'est aussi un joli marché dont les Français sont fiers, grâce à leur merveilleux terroir. Je ne doute pas que vous soyez amateur de vin, Michel. Blanc, rouge ou rosé, grands crus ou vins de pays, jeunes ou vieux, Yquem en sauternes, ou Cheval Blanc à Saint-Émilion, ou cahors…, tous proches de vos terres d'attaches. Michel, aujourd'hui, nous trinquons.*

— À la fin du déluge relaté par la Bible, Noé, le survivant, invente de planter la vigne et fabrique le vin. Voilà la première technologie, avec celle du pain et du fromage. Or des textes védiques relatant le déluge racontent, eux, que le survivant inventa de brasser la bière. Ce déluge fut probablement moins une inondation que l'empoisonnement des sources d'eau, et seuls survécurent à un tel fléau les populations qui surent innover et inventer les boissons fermentées ou alcoolisées. Par conséquent, vive le vin qui sauva l'humanité ! La question du vin pose, d'autre part, la question du goût. Qu'est-ce que le goût ? Pourquoi le vin a-t-il du goût ? Parce que c'est un aliment cuit. Parce que le moût cuit dans la cuve par un bouillonnement causé par un ferment.

— *Par la macération.*

— Son goût est de ce fait extraordinairement complexe. On dit par exemple qu'« Yquem fait la queue de paon » : il ruisselle d'ocelles, c'est-à-dire de dizaines de parfums. Mais quel est le goût pour la bouche ? Un grand vin, non seulement la bouche le goûte, mais le grand vin y dessine une carte de géographie extraordinaire. Gencives, palais, plat de la langue, côtés et bout de la langue… : avec un grand vin, vous allez trouver une bouche tout à fait nouvelle. La bouche ne distingue toutefois que quatre ou huit goûts, tandis que…

— *… le nez…*

— … le nez est infiniment complexe. Un vrai goûteur de vin a une bouche moyenne mais un nez somptueusement gigantesque.

— *Il reste la robe.*

— Voilà pourquoi le goût doit se former, s'apprendre et s'éduquer. J'ai connu un connaisseur si infaillible dans la reconnaissance des crus et des années que ses amis décidèrent de le tromper. Ils plantèrent donc une vigne, je ne sais où, et, le temps venu, vinifièrent et lui présentèrent un verre de leur récolte. Et, ô surprise ! après une longue méditation, cet augure déclara : « Messieurs, je suis désolé, ce vin n'existe pas. »

— *Formidable !*

— Rien de plus sot que l'idée que les goûts et les couleurs ne se discutent pas. Ou plutôt non, c'est indiscutable. Je veux dire par là qu'il y a, d'abord, un goût : vous pouvez évidemment choisir et préférer le bourgogne au bordeaux ou la Coulée de Serrant au vin jaune du Jura. Mais, dès lors qu'il y a des bons vins, c'est indiscutable : le goût décrète infailliblement que telle vinasse reste inférieure à tous les crus classés. Comment devenir expert dans ce goût-là ?

— *Œnologue ?*

— Pas forcément, simplement un homme…

— *… de goût.*

— … un honnête homme. D'abord, il faut connaître la géographie, les lieux du vin, la Loire et le Rhône, la Champagne, la Bourgogne, le Bordelais, le Languedoc, l'Alsace, le Jura, mais aussi…

— *… la vallée de la Loire.*

— … l'Allemagne, la Suisse, l'Espagne, le Portugal, l'Italie, l'Afrique. Même la Chine. La Californie, évidemment. Et ensuite rentrer dans le détail. Si vous rentrez dans le bordeaux, alors vous savez qu'il y a sauternes, graves, médoc, saint-émilion, pomerol, entre-deux-mers, etc. Rentrez davantage dans le détail : en médoc, il y a le margaux, le saint-julien, le pauillac. Toujours plus dans le détail : par châteaux.

Vous découvrez ainsi que chaque vin est un individu original. Mais ça, c'est de l'espace, et il faut aussi savoir le temps : il faut savoir que 1945, 1947, 1982 ont été, çà et là, des années inoubliables et sublimes, et que d'autres ont été moins exemplaires ; et que ça dépend de la pluie, du gel, du soleil, du climat, etc. Ce travail au long cours d'espace, de temps, de goût, de découverte de sa propre bouche, explique qu'il y a très peu d'experts : 1 %. Un pour cent, c'est vrai pour la géographie, c'est vrai pour le rugby, c'est vrai pour les mathématiques : c'est toujours 1 %. On dira que c'est élitiste, que cette aristocratie coûte cher. C'est vrai : tout le monde ne peut pas se payer du petrus ou du condrieux.

— *Hélas !*

— Détrompez-vous : il vaut mieux boire une bouteille à 30 euros que quinze bouteilles à 2 euros. Cette expertise va vous sauver de l'alcoolisme ! Le meilleur remède contre l'alcoolisme, c'est de chercher le goût, de chercher l'esthétique et non l'ivresse journalière – c'est la régularité qui fait l'alcoolisme. Le vin et l'alcool sont parmi les pires dépendances. Par conséquent : buvez bien, buvez excellemment, buvez expert, en bonne compagnie, mais le reste du temps… buvez de l'eau.

Chronique du 18 novembre 2012

La voix

— *Lao-Tseu l'a dit, il faut « trouver la voie », mais ce n'est pas de cette voie-là dont nous allons parler. Nous allons parler de la « voix », celle que j'utilise en ce moment pour vous parler, la voix que journalistes, hommes de radio, orateurs, citoyens, emploient sans cesse, avec ses intonations, ses caractères, sa gravité ou sa légèreté. Tout est dans la voix, Michel : l'art, la vie, l'amour…*

— C'est vrai, on parle avec elle et on ne parle jamais d'elle… Pour commencer, puisque vous parlez de notre métier, vous vous souvenez sans doute de la publicité « La voix de son maître ».

— *Bien sûr !*

— Elle est très connue. Il faudrait l'analyser en toute sérénité. On voit que celui qu'on ne voit pas, l'émetteur de la voix, c'est le maître, et que celui qui écoute est, hélas, traité… comme un chien.

— *Il était question de haute fidélité…*

— De domestication, plutôt, et d'obéissance, surtout. Si c'est cela qui définit les médias, c'est triste, quoique souvent vrai. Je voudrais maintenant parler de la distinction que nous faisons généralement entre les médias de l'image et les médias de la voix. On ne dit pas assez à quel point l'image est pauvre, et que la voix est plus riche qu'on ne le croit.

— *Je suis heureux de vous l'entendre dire.*

— Sur l'échelle de l'infirmité, le sourd-muet est beaucoup plus handicapé que l'aveugle : on ne connaît pas de sourd-muet qui ait composé des œuvres comme celles d'Homère ou de Milton, tous deux aveugles. La voix est riche. Je choisirai cinq caractéristiques pour l'illustrer. D'abord, la voix personnelle. La voix, c'est le support acoustique avant la parole, avant le sens. Elle est singulière : on reconnaît les gens à la voix. À entendre une personne au téléphone, on perçoit si elle est malade, si elle vous aime, vous déteste, etc.

— *La voix a une empreinte.*

— Oui, la voix trompe rarement. On peut mentir au niveau de la parole, rarement au niveau de la voix. La voix artiste, maintenant. La voix des sopranos coloratures ou des mezzos – Béatrice Uria-Monzon, dans Carmen, bouleversante –, la voix profonde des basses qu'on entend dans les rites byzantins…

— *… les ténors…*

— Cette voix artiste fascine : pas un jour, pas une heure où on n'entende, sur les ondes, tel ou tel chanteur qui ravit les foules. En revanche, on parle rarement, maintenant, de la voix de l'éloquence – éloquence politique, éloquence du barreau, éloquence universitaire…

— *Elle a eu sa mode…*

— Elle a toujours sa mode. Aux élections américaines, la victoire est souvent allée aux plus éloquents. Même Reagan, qui n'était pourtant pas un aigle… mais Obama et Clinton sont de vrais orateurs, vraiment éloquents, alors que le pauvre Bush…

— *Il a quand même fait deux mandats.*

— Certes.

— *Je parle du fils.*

— En général, l'éloquence paie beaucoup plus qu'on ne le croit mais aujourd'hui, cet art est quelque peu oublié. On connaît les chanteurs, on ne connaît pas les éloquents. Il y a aussi une voix collective. La voix anglaise – avec, bien sûr, les différences qu'on peut observer entre un Australien, un Américain et un Écossais.

— *La voix allemande, la voix espagnole, la voix italienne, la voix française…*

— Je voudrais maintenant parler des vivants avec lesquels nous partageons la voix. Hurlements des loups, pépiements des oiseaux, hennissements des chevaux… Vous savez à quel point le français est riche pour qualifier cette voix : « barrir », « meugler », « bêler », « mugir », « croasser », « japper », « roucouler », « striduler »…, et on ne sait en général pas que l'alouette « grisolle » ! Ça, c'est la voix des vivants que nous partageons avec nos frères…

— *… animaux…*

— … nos frères vivants, flore comprise. Enfin, je voudrais évoquer la voix des choses : le gémissement de la glace en débâcle, le fracas de l'orage, le murmure de la mer, le bruit de la marée, le hurlement du vent et des orages… la voix du monde. Et maintenant, je vais vous dire ma vraie leçon de choses : un homme vraiment éloquent est un homme par lequel passent toutes ces voix. La véritable éloquence humaine devrait être une synthèse harmonique entre toutes les voix – la voix du monde et celle des choses. Si vous écoutez la voix de quelqu'un avec passion, c'est qu'il reproduit humainement la voix du monde. Derrière ce qu'il dit, on entend le bruit de fond des vivants et des choses

Chronique du 12 septembre 2010

Imprimé en France par CPI – Bussière à Saint-Amand-Montrond
N° d'imprimeur : 2018509 - Dépôt légal : octobre 2015
N° d'édition : 74651052-01